全国高职高专房地产类专业系列规划实用教材

房地产经纪综合实训（第二版）

主　编　陈林杰　汪　燕
副主编　吴　涛　吴洋滨　刘雅婧

中国建筑工业出版社

图书在版编目（CIP）数据

房地产经纪综合实训/陈林杰，汪燕主编．—2版．—北京：中国建筑工业出版社，2017.1
全国高职高专房地产类专业系列规划实用教材
ISBN 978-7-112-20372-7

Ⅰ.①房… Ⅱ.①陈… ②汪… Ⅲ.①房地产业-经纪人-高等职业教育-教材 Ⅳ.①F293.355

中国版本图书馆CIP数据核字(2017)第023491号

全国高职高专房地产类专业系列规划实用教材
房地产经纪综合实训（第二版）
主编 陈林杰 汪 燕
副主编 吴 涛 吴洋滨 刘雅婧
*
中国建筑工业出版社出版、发行（北京海淀三里河路9号）
各地新华书店、建筑书店经销
北京红光制版公司制版
北京建筑工业印刷厂印刷
*

开本：787×1092毫米 1/16 印张：11 字数：265千字
2017年6月第二版 2017年6月第二次印刷
定价：**28.00**元
ISBN 978-7-112-20372-7
（29896）

版权所有 翻印必究
如有印装质量问题，可寄本社退换
（邮政编码100037）

《房地产经纪综合实训（第二版）》是根据房地产经纪职业标准和精品课程"房地产经纪实务"的实践教学改革与实训经验编写而成，是培养房地产专业四大核心能力（房地产开发与经营、房地产营销与策划、房地产经纪实务、房地产估价）之一"房地产经纪实务能力"的专用实训教材。全书根据最新行业动态和最新房地产经纪知识，以房地产经纪业务的工作过程为主线，系统安排了房地产经纪门店开设、房源开拓与房屋供给信息发布、客户开拓与购（租）房需求信息录入、交易配对与撮合成交、签订买卖（租赁）成交合同、佣金结算与售（租）后服务等七个实训环节，每个实训环节由实训技能要求、实训步骤、知识链接与相关案例、实施要领与相关经验、作业任务及作业规范、实训考核等组成，注重工匠精神的养成，并安排了房地产经纪综合实训的准备工作内容，包括实训目标、实训组织、实训软件、实训过程管理等。同时，本书在综合实训的基础上设计了房地产经纪业务技能竞赛，包括竞赛目标、竞赛内容、竞赛规则、竞赛组织、竞赛过程管理、竞赛实施过程步骤等内容，重点突出了房地产经纪业务操作策略和操作流程，注重工匠精神的体现，趣味性、可学性和可用性强。

　　本书不仅可作为房地产类专业及相关专业的实训教材，亦可作为房地产企业、营销代理公司岗位培训、资格证书考试用书，还是从业人员必备的工具型实践参考图书和职业提升的实用读本。

　　责任编辑：郦锁林　　毕凤鸣　　吴越恺
　　责任校对：李美娜　　李欣慰

第 二 版 前 言

房地产专业随着我国房地产行业的发展而成为热门专业，根据我国房地产行业企业的发展，房地产专业应该着重培养学生四大核心能力，即房地产开发与经营能力、房地产营销与策划能力、房地产经纪实务和房地产估价能力，相应地应该开发出综合实训配套教材。《房地产经纪综合实训》是培养"房地产经纪实务能力"的专用实训教材。

本教材定位于培养大学生的房地产专业技能水平，毕业后能够从事房地产经纪业务工作。本教材根据最新房地产行业企业动态和最新房地产经纪知识，紧扣企业实践，以房地产经纪业务工作过程为主线，系统安排了房地产经纪门店开设、房源开拓与房屋供给信息发布、客户开拓与购（租）房需求信息录入、交易配对与撮合成交、签订买卖（租赁）成交合同、佣金结算与售（租）后服务等七个实训环节，每个实训环节由实训技能要求、知识链接与相关案例、实施要领与作业规范、实训步骤、实训考核等组成，注重工匠精神的养成；并安排了房地产经纪综合实训的准备工作内容，包括实训目标、实训组织、实训软件、实训过程管理等。同时，本书在综合实训的基础上设计了房地产经纪业务技能竞赛，包括竞赛目标、竞赛内容、竞赛规则、竞赛组织、竞赛过程管理、竞赛实施过程步骤等内容，重点突出了房地产经纪业务操作策略和操作流程，趣味性、可学性和可用性强，达到提高大学生的房地产专业技能水平、领悟工匠精神、能够从事房地产经纪工作之目的。

本教材主要特色。突出了职业标准、职业技能与工匠精神的结合，重点编写了房地产经纪业务的策略与操作思路、程序。①逻辑新。本教材以房地产经纪业务的工作过程为主线，精心布置房地产经纪业务的技能点。②内容新。本教材实训内容大都是取材于2011年以后房地产行业发生的故事，紧扣了房地产行业的最新动态，吸收了最新科研成果以及"互联网＋"内容。③案例多。本教材收集了较多的品牌企业第一手案例，其中一些是微型案例，这些案例绝大部分是房地产企业在经纪实践中可能要面对的。④操作性强。本教材重点突出了操作思路、操作策略以及操作流程。⑤趣味性强。本教材在综合实训的基础上设计了房地产经纪业务技能竞赛，有助于提高学生掌握技能的兴趣和技巧，更好领悟工匠精神。⑥提供了切实可行的教学建议。包括学时安排、教学组织与考核方法。

房地产行业是快速发展的行业，编出一部指导实践的实训教材是很困难的。虽然编者已经做了许多努力，力图使《房地产经纪综合实训》做得更好，但限于编者的能力和水平，教材中的缺点和错误在所难免，敬请各位同行、专家和广大读者批评指正，以使教材日臻完善。

要特别强调的是，国内各高校任"房地产经纪"课程教学的同行给了我无数的启迪和帮助，如果说本书有一点点进步的话，那么也是站在他们肩上的缘故，在此表示由衷的感谢。尤其让我感动的是，许多房地产同行和企业专家对本系列教材的编写提供了巨大的帮助：

宋春兰、何红、赵振淇、田旭；贾丽、徐成林、周柱武；黄荣萍、陈龙；李中生；周正辉、李本里、杜转萍、韩华丽、尹爱飞、费文美；康媛媛、全利、文娟娟、高倩、余佳佳；吴义强、许欢欢、杨渝清、郑寒英、闫蕾、郑寒英、李玉洁；易忠诚、向小玲、孙艳；封永梅、张雪梅、杨燕、孙婷婷、刘国杰；徐琳；王园园、吴莉莉、田慧；杨帆、王华蓉、赵为民；崔发强、杨晓华、辛振宇、鞠好学、王燕燕；田明刚、刘永胜、黄健德、吕正辉、赵素萍；朱其伟、宫斐、曾丽娟；吴洋滨、李卉欣、宁婵、隆林宁、张义斌、黄薇、买海峰、黄国全、庞德忠、马云；覃芳、杨盈盈、余彬、万建国、程沙沙；陈亮、吴彬宇；李海玲、闵海波；蒋英、裴国忠、熊亮亮、李敏；蒋丽、易飞、徐秋生、徐心一；刘雅婧、余凡、余阳梓；李国蓉、于永建、袁韶华、年立辉；陈静、蔡倩、郭晟、杨敏；戎晓红、徐强、张艳球；何宗花、杨婵玉、赵小旺、唐韦、赖冬英；廖晓波、雷华、陶全军、李春云、陈健；李兆允、康燕燕；许秀娟、梁春阁、毛桂平、陈杰红；张炳信、刘贞平、万磊、纪倩、朱秋群、李金保；马建辉、李凯、姜蕾；魏华洁、徐合芳、马明明、王辉、闫瑞君；隋昕禹、哈申高娃、王淑红、崔保健；王晓辉、高为民、靳晶晶、孔德军；张雪玉；薛文婷；汪燕、陶潜毅、吴飞、秦焕杰、吴凤丽、袁敏；郭媛媛、贾俊妮、朱丽夏；刘丽云、徐莎莎；张蕾、赵龙彪、陶杨；贾忠革、张妍妍、王萍、谭明辉、孙丰艳、石海均；栗建、刘昌斌、王晓华、张东华、王珣；栾淑梅、王莹、王雪梅、闫旭；刘燕玲、吴涛、王永洁、范海舟、牛敏；海商容、李善慧、井凤娟、段永萍；曾健如、王安华、左根林、朱小艳、舒菁英、雷云梅；曾福林、张弛、罗少卿；李伟华、赵雪洁、房荣敏、薛松；龚鹏腾、余杰；洪媛、吕灏；高志云、黄庆阳、邵志华；陈园园、吴淑科、庄丽琰、刘艳伟；魏爱霞；林澜、杨蕾颖、徐捷；陈小平、徐燕君、余霜、李娜、王剑超、李海燕、周莉、任颖卿；冯力、李娇、刘波；汪洋、陈基纯、李丹；佟世炜、徐春波；黄平、武会玲；刘丽、郑伟俊；鲁杨、刘晶、郑晓俐；谭心燕；王明霞、田颖；周志刚、邓蓉晖；张平平；徐敏；冯倩；黄卫东；袁伟伟；何兴军；何兰；陈晓宇、钟幼荼；陆杭高；傅玳；白蓉；倪敏；黄国辉；申燕飞；彭建林；王南；樊群、张家颖、范婷、崔苏卫、钟廷均。

我已经毕业的房地产专业学生朱军华、李甜、李忠伟等与我一起探讨房地产经纪实践经验，并提供了一些案例、给了我很多很好的建议。同时，本书也引用了网上少量相关资料，有可能会疏漏备注，在此表示歉意并致以由衷的谢意。此外，还要感谢中国建筑学会建筑经济分会领导、南京工业职业技术学院"房地产经纪实务"精品课程团队的大力支持，以及中国建筑工业出版社的领导和编辑的大力支持。

编者联系邮箱：1927526399@qq.com。全国大学生房地产大赛QQ群108820287。

编　者
2017年1月于南京

第一版前言

房地产专业随着我国房地产热而成为热门专业，根据我国房地产行业企业的发展，房地产专业应该着重培养学生四大核心能力，即房地产开发与经营能力、房地产营销与策划能力、房地产经纪实务和房地产估价能力，相应地应该开发出综合实训配套教材。《房地产经纪综合实训》是其中之一培养"房地产经纪实务能力"的专用实训教材。

《房地产经纪综合实训》的定位与内容。本教材定位于培养大学生的房地产专业技能水平，毕业后能够从事房地产经纪业务工作。本教材根据最新房地产行业企业动态和最新房地产经纪知识，紧扣企业实践，以房地产经纪业务工作过程为主线，系统安排了房地产经纪门店开设、房源开拓与房屋供给信息发布、客户开拓与购（租）房需求信息录入、交易配对与撮合成交、签订买卖（租赁）成交合同、佣金结算与售（租）后服务等七个实训环节，每个实训环节由实训技能要求、知识链接与相关案例、实施要领与作业规范、实训步骤、实训考核等组成；并安排了房地产经纪综合实训的准备工作内容，包括实训目标、实训组织、实训软件、实训过程管理等。同时，本书在综合实训的基础上设计了房地产经纪业务技能竞赛，包括竞赛目标、竞赛内容、竞赛规则、竞赛组织、竞赛过程管理、竞赛实施过程步骤等内容，重点突出了房地产经纪业务操作策略和操作流程，趣味性、可学性和可用性强，达到提高大学生的房地产专业技能水平、能够从事房地产经纪工作之目的。

本教材主要特色。突出了技能与思路的结合，重点编写了房地产经纪业务的策略与操作思路、程序。①逻辑性强。本教材以房地产经纪业务的工作过程为主线，精心布局房地产经纪业务的技能点。②内容新。本教材实训内容大都是取材于2011年以后房地产行业发生的故事，紧扣了房地产行业的最新动态，吸收了最新科研成果。③案例多。本教材收集了较多的品牌企业第一手案例，其中一些是微型案例，这些案例绝大部分是房地产企业在经纪实践中可能要面对的。④操作性强。本教材重点突出了操作思路、操作策略以及操作流程。⑤趣味性强。本教材在综合实训的基础上设计了房地产经纪业务技能竞赛，有助于提高学生掌握技能的兴趣和技巧。⑥提供了切实可行的教学建议。包括学时安排、教学组织与考核方法。

房地产行业是快速发展的行业，编出一部指导实践的实训教材是很困难的。虽然编者已经做了许多努力，力图使《房地产经纪综合实训》做得更好，但限于编者的能力和水平，教材中的缺点和错误在所难免，敬请各位同行、专家和广大读者批评指正，以使教材日臻完善。

要特别强调的是，国内各高校任"房地产经纪"课程教学的同行给了我无数的启迪和帮助，如果说本书有一点点进步的话，那么也是站在他们肩上的缘故，在此表示由衷的感谢。尤其让我感动的是，许多房地产经纪企业专家黄国全、王志磊、蒋英、魏华洁、白蕾、刘燕玲、刘永胜、康媛媛、高为民、邓蓉辉、万建国、间力强、魏爱霞、陈晓宇、蒋丽、殷世波、李海燕、李涛、李国蓉、陈静、王安华、左根林、裴国忠、于永建、戎晓红、周正辉、黄平、卓维松、王剑超、何宗花、刘丽、周志刚、傅玳、陈基纯、李丹、覃芳、张炳信、吕正辉、何兰、林澜、李华伟等，还有我已经毕业的房地产专业学生李甜、李忠伟与我一起探讨房地产经纪实战方法，并提供了一些案例、给了我很多很好的建议。同时，本书也引用了网上一些相关资料，有可能会疏漏备注，在此表示歉意并致以由衷的谢意。此外，还要感谢南京工业职业技术学院"房地产经纪实务"精品课程团队的大力支持，以及中国建筑工业出版社的领导和编辑的大力支持。

联系邮箱：1927526399@qq.com

目 录

上篇 房地产经纪综合实训

第1章 房地产经纪综合实训准备 …………………………………………… 4
1.1 房地产经纪综合实训课程的专业定位与教学理念 …………………………… 4
1.2 房地产经纪综合实训目标 ……………………………………………………… 5
1.3 房地产经纪综合实训内容及流程 ……………………………………………… 6
1.4 房地产经纪综合实训教学方式与教学组织 …………………………………… 8
1.5 房地产经纪综合实训教学进度计划与教学控制 ……………………………… 9
1.6 房地产经纪综合实训教学文件 ………………………………………………… 12
1.7 房地产经纪综合实训软件功能简介 …………………………………………… 16
1.8 房地产经纪综合实训过程管理规则 …………………………………………… 18

第2章 房地产经纪综合实训操作 ………………………………………… 26
实训1 房地产经纪门店开设 …………………………………………………… 26
实训2 房源开拓、房屋供给信息录入与发布 ………………………………… 47
实训3 客源（户）开拓与购（租）房需求信息录入 ………………………… 71
实训4 交易配对与撮合成交 …………………………………………………… 89
实训5 签订买卖（租赁）成交合同 …………………………………………… 113
实训6 佣金结算与售（租）后服务 …………………………………………… 127
实训7 房地产经纪综合实训总结与经验分享 ………………………………… 138
实训7⁺ 房地产经纪实训收尾结束工作 ……………………………………… 148

下篇 房地产经纪业务技能竞赛

第3章 房地产经纪业务技能竞赛准备 …………………………………… 152
3.1 房地产经纪业务竞赛目的、意义和原则 …………………………………… 152
3.2 房地产经纪业务竞赛依据标准与竞赛内容 ………………………………… 153
3.3 房地产经纪业务竞赛规则 …………………………………………………… 154
3.4 房地产经纪业务竞赛组织 …………………………………………………… 155
3.5 房地产经纪业务竞赛平台功能简介 ………………………………………… 156
3.6 竞赛过程管理 ………………………………………………………………… 157

第4章 房地产经纪业务技能竞赛实施过程 ……………………………… 158
步骤1 技能表演 ………………………………………………………………… 158

步骤2	开设经纪门店	158
步骤3	房屋信息抢录	159
步骤4	客户需求信息抢录	160
步骤5	交易配对	161
步骤6	签订买卖（租赁）成交合同	161
步骤7	买卖（租赁）佣金结算	161
步骤8	竞赛排行榜	162

参考文献 ·· 163

教　学　建　议

1. 学时安排

篇	章	节	内　容	学时
上篇 房地产经纪综合实训	第1章 房地产经纪综合实训准备	1.1	房地产经纪综合实训课程的专业定位与教学理念	4
		1.2	房地产经纪综合实训目标	
		1.3	房地产经纪综合实训内容及流程	
		1.4	房地产经纪综合实训教学方式与教学组织	
		1.5	房地产经纪综合实训教学进度计划与教学控制	
		1.6	房地产经纪综合实训教学文件	
		1.7	房地产经纪综合实训软件功能简介	
		1.8	房地产经纪综合实训过程管理规则	
	第2章 房地产经纪综合实训操作	实训1	房地产经纪门店开设	4～8 (1～2天)
		实训2	房源开拓、房屋供给信息录入与发布	12～32 (3～8天)
		实训3	客源（户）开拓与购（租）房需求信息录入	8～20 (2～5天)
		实训4	交易配对与撮合成交	4～8 (1～2天)
		实训5	签订买卖（租赁）成交合同	4 (1天)
		实训6	佣金结算与售（租）后服务	4 (1天)
		实训7	房地产经纪综合实训总结与经验分享	4 (1天)
		实训7+	房地产经纪实训收尾结束工作	40～80 (10～20天)
			经纪实训用时小计	
下篇 房地产经纪业务技能竞赛	第3章 房地产经纪业务技能竞赛准备	3.1	房地产经纪业务竞赛目的、意义和原则	2
		3.2	房地产经纪业务竞赛依据标准与竞赛内容	
		3.3	房地产经纪业务竞赛规则	
		3.4	房地产经纪业务竞赛组织	
		3.5	房地产经纪业务竞赛平台功能简介	
		3.6	竞赛过程管理	

续表

篇	章	节	内　容	学时
下篇 房地产经纪业务技能竞赛	第4章 房地产经纪业务技能竞赛实施过程	步骤1	技能表演	2
		步骤2	开设经纪门店	
		步骤3	房屋信息抢录	
		步骤4	客户需求信息抢录	
		步骤5	交易配对	
		步骤6	签订买卖（租赁）成交合同	
		步骤7	买卖（租赁）佣金结算	
		步骤8	竞赛排行榜	

2．考核方法

《房地产经纪综合实训》课程在考核方法上，注重全面考察学生的学习状况，启发学生的学习兴趣，激励学生学习热情，促进学生的成长。《房地产经纪综合实训》课程对学生学习的评价，既关注学生知识与技能的理解和掌握，更要关注他们情感与态度的形成和发展；既关注学生学习的结果，更要关注他们在学习过程中的变化和进步。评价的手段和形式应多样化，要将过程评价与结果评价相结合，定性与定量相结合，充分关注学生的个性差异，发挥评价的启发激励作用，增强学生的自信心，提高学生的实际应用技能。

（1）注重对学生实训过程的评价

包括参与讨论的积极态度、自信心、实际操作技能、合作交流意识，以及独立思考的能力、创新思维能力等方面，如：

① 是否积极主动地参与讨论和分析；

② 是否敢于表述自己的想法，对自己的观点有充分的自信；

③ 是否积极认真地参与项目经纪实践；

④ 是否敢于尝试从不同角度思考问题，有独到的见解；

⑤ 是否理解他人的思路，并在与小组成员合作交流中得到启发与进步；

⑥ 是否有认真反思自己思考过程的意识。

（2）重视对学生的启发

对学生进行启发式实训。每个经纪业务环节的实训时，通过设置的工作任务内容和学习过程，从管理者或信息使用者的角度提出问题，启发学生思考、分析、判断、操作，最后教师加以归纳、总结。在学生思考分析和动手操作时，教师要注重引导和提示。最终达到学生"独立（或换位）思考—分析、推理、选择—归纳整理、深刻理解—吸收创新"逐层递进的能力目标。

（3）恰当评价学生的实际操作技能

在评价学生实训效果时，要侧重实际操作能力的考察。评价手段和形式要体现多样化，在呈现评价结果时，应注重体现综合评价和要素评价，突出阶段评价、目标评价、理论与实践一体化评价。通过参与实训项目讨论的质量、分析能力、对新知识的接受和消化能力、学习迁移能力等多方面，结合业务竞赛成绩评价学生的学习效果。学生实训操作技能考核评价以过程评价为主，结果评价为辅：

① 过程考核：实训每一环节根据每位学生参与完成任务的工作表现情况和完成的作业记录，综合考核每一阶段学生参与工作的热情、工作的态度、与人沟通、独立思考、勇于发言，综合分析问题和解决问题的能力以及学生安全意识、卫生状态、出勤率等给予每一阶段过程考核成绩。

② 结果考核：根据学生提交的项目经纪策划方案，按企业策划方案的实用性要求判断作品完成的质量高低，并结合项目答辩思路是否清晰、语言表达是否准确等给出结果考核成绩。

③ 综合实训成绩评定：过程考核占60%，结果考核占40%。

④《房地产经纪综合实训》课程总成绩：总成绩由综合实训成绩和业务竞赛成绩组成，综合实训成绩与业务竞赛成绩以7∶3的比例给予最终评定。

⑤ 否决项：旷课一天以上、违纪三次以上且无改正、发生重大责任事故、严重违反校纪校规。

上篇 房地产经纪综合实训

房地产经纪综合实训的任务是：培养学生的房地产经纪业务操作能力和职业素养以及综合职业能力，特别是促进工匠精神养成，使房地产专业学生具备一定的房地产经纪业务操作能力，达到职业标准要求，毕业后能够进行房地产经纪业务的策划与执行工作。本篇重点介绍了房地产经纪综合实训的准备工作和房地产经纪综合实训的操作过程。

第1章 房地产经纪综合实训准备

房地产经纪综合实训的成效取决于其准备工作。本章从房地产经纪综合实训课程的专业定位与教学理念、房地产经纪综合实训目标、实训内容及流程、实训组织、实训过程管理等6个方面介绍了房地产经纪综合实训的准备工作。

1.1 房地产经纪综合实训课程的专业定位与教学理念

1. 房地产经纪综合实训课程的专业定位

房地产经纪综合实训是房地产经营与估价专业的一门重要的综合性实训课程。通过本课程的学习，可以融会贯通专业知识与能力，培养房地产职业素养。

（1）融会贯通专业知识与能力

将本专业已学习过的专业课程中已掌握的知识、技能与所形成的单项、单元能力通过本综合性实训课程进行融合，使学生了解这些已掌握的知识、技能与所形成的单项、单元能力在完成一个房地产经纪典型工作任务时所起的作用，并掌握如何运用这些知识、技能与单项、单元能力来完成一个综合性的房地产经纪业务，达到职业标准要求，激发与培养其从事房地产职业领域工作的兴趣与爱好。

（2）培养职业素养

通过本综合性实训课程，使学生在前期已进行过房地产课程实践的基础上，学习并培养自己完成一个房地产经纪典型工作任务完整工作过程所需要的专业能力、方法能力与社会能力，养成优秀的职业习惯与素养，特别是促进工匠精神养成。

2. 房地产经纪综合实训课程的基本教学理念

（1）以学生为主体、学做合一

教学中通过激发学生的学习兴趣，引导其自主地、全面地理解本综合实训教学要求，提高思维能力和实际工作技能，增强理论联系实际的能力，培养创新精神，逐步养成善于观察、独立分析和解决问题的习惯。本课程在目标设定、教学过程、课程评价和教学方式等方面都突出以学生为主体的思想，注重学生实际工作能力与技术应用能力的培养，教师起到引导、指导、咨询的角色作用，使课程实施成为学生在教师指导下构建知识、提高技能、活跃思维、展现个性、拓宽视野的过程。

（2）多元化的实训教学手段

本课程以实战演练、模拟企业房地产经纪活动为主要教学方式，在教学过程中，引导学生通过房地产市场调研与资料的查询、整理和分析，发现企业经纪活动中存在的问题，并在团队合作的基础上，完成一个个具体的房地产经纪业务任务，从而提高分析问题、解决问题的能力和业务技能，真正实现课程实训企业化。

（3）重视学生个体差异，注重提高整体水平

本课程在教学过程中，以激发兴趣、展现个性、发展心智和提高素质为基本理念，倡导以团队为单位自主学习，注重促进学生的知识与技术应用能力和健康人格的发展，以过程培养促进个体发展，以学生可持续发展能力和创新能力评价教学过程。

1.2 房地产经纪综合实训目标

1. 课程总目标

学生在进行房地产经纪综合实训时，已经学习了《房地产开发与经营》、《房地产营销与策划》等课程，具备了房地产开发、房屋建筑、造价、营销策划等基本理论知识及相应的企业认知实训。房地产经纪综合实训课程的教学总目标是：在房地产开发与经营、房地产营销策划等能力基础上，进一步将房地产经纪的相关课程的单项、单元能力（技能）融合在一起，通过典型房地产经纪业务的调研、房源开拓、客源开拓、交易促成等业务方案的设计与操作，培养学生完成一个房地产经纪具体业务实施的综合职业能力。

2. 具体能力目标

（1）专业能力目标

通过实训课程的学习与训练，使学生在前期课程与综合项目训练已掌握房地产经纪的研究对象和特点、基本理论、原则与方法，掌握市场开发调研、开发设计、营销策划、市场推广的流程、相关报告或方案撰写的要求、格式等的基础上，通过对房地产经纪企业具体业务对象进行分析诊断，着重培养学生完成一个以典型业务为载体的房地产经纪活动所具有的专业能力：

1）房地产市场环境的分析能力：市场调研能力、信息处理能力、调研报告撰写能力；

2）房地产交易流程与合同的制定能力；

3）房地产经纪业务方案的制定及实施能力；

4）房地产经纪业务的市场推广与交易促成能力；

5）房地产经纪具体活动的开展能力：房源拓展、客源拓展、客户配对的能力；

6）沟通协调能力和团队合作能力。

（2）方法能力目标

1）信息的收集方法。通过引导学生围绕本实训项目进行信息收集、整理、加工与处理，使学生能够针对项目所涉及的房地产行业领域的各种环境因素、市场因素，利用科学的方法进行清晰地分析和准确地判断，在此基础上提出自己的独立见解与分析评价。

2）调研与方案制定方法。在完成以上信息收集阶段工作的基础上，学生能根据自己所形成的对本实训项目独立见解与分析评价，提出几种初步的项目实施方案，并能对多种

方案从经济、实用等各方面进行可行性的比较分析，通过团队的集体研讨、决策，选定本团队最终项目的实施方案。

3) 方案实施方法。在实施方案的基础上，学生能在教师引导下讨论形成方案实施的具体计划，如调研的对象、区域、房地产楼盘的类型等，并完成活动实施的计划，在此基础上进行团队内的分工。实施过程中，要填写相关的作业文件。

4) 过程检查方法。在完成市场调研、房源开发、推广、促成等经纪活动的方案的过程中，各组成员定期开展总结交流活动，发现问题及时解决，并在教师的指导下不断完善方案内容，填写进度表及其他作业文件。

5) 总结评估方法。最后阶段学生能很好地总结自己的工作，与团队成员一道通过研讨交流，评估本项目完成过程中的经验与得失，并就本实训项目学习提出技术与方法等各方面进一步改进的思路与具体方案，并分工合作完成项目最终方案报告，并以班级为单位进行交流与评价，按照评价标准给予实训成绩。

(3) 社会能力目标

1) 情感态度与价值观

在实训的过程中，培养学生严谨认真的科学态度与职业习惯，改变不良的学习行为方式；培养引导其对房地产经纪活动的兴趣与爱好，激发他们学习的热情及学习积极性，培养学生的主体意识、问题意识、开放意识、互动意识、交流意识，树立自信的态度与正确的价值观。具体表现在：

① 通过学习养成积极思考问题、主动学习的习惯；
② 通过学习培养较强的自主学习能力；
③ 通过学习培养良好的团队合作精神，乐于助人；
④ 通过学习养成勇于克服困难的精神，具有较强的意志力；
⑤ 通过学习养成及时完成阶段性工作任务的习惯，达到"日清日毕"的要求。

2) 职业道德与"工匠精神"素质养成

在实训的过程中，通过开展真实业务活动，注重养成工匠精神素质，即：精益求精，追求完美和极致；严谨，一丝不苟；耐心，专注，坚持；专业，敬业。实现与企业的真正对接，让学生领悟并认识到敬业耐劳、恪守信用、讲究效率、尊重规则、团队协作、崇尚卓越等职业道德与素质在个人职业发展和事业成功中的重要性，使学生能树立起自我培养良好的职业道德与注重日常职业素质养成的意识，为以后顺利融入社会及开展企业的房地产经纪活动，打下坚实的基础。

1.3 房地产经纪综合实训内容及流程

1. 综合实训内容

(1) 选题范围

房地产经纪综合实训项目的选题来源于真实的企业，这里选择合作企业江苏中广置业集团公司的"房地产转让代理业务"和"房地产租赁居间业务"作为实训对象（项目）。

(2) 内容要求

1) 具有房地产经纪活动典型工作任务特征，并具有完整任务方案设计与教学要求；
2) 能使学生通过本综合实训项目学习，得到各项能力的训练；

3）项目教学中所形成的各环节教学模式、作业文件与成绩评价明确规范；

4）项目教学中所形成的作业过程与作业文件符合房地产经纪活动的相关要求；

5）为学生提供的指导和条件能确保学生完成项目所规定的全部工作；

6）融入房地产营销师职业资格考证应有的知识与技能点。

（3）典型工作任务、完整工作过程特征描述

江苏中广置业有限责任公司是江苏省最大的房地产经纪企业，业务多、操作规范，其经纪业务具有"典型工作任务和完整工作过程"的特点，见图1-1，可以培养学生的房地产经纪职业素养和综合职业能力。

（4）功能操作指标

1）房地产经纪门店开设操作训练；

2）房源开拓、房屋供给信息录入与发布操作训练；

3）客源（户）开拓与购（租）房需求信息录入操作训练；

4）交易配对与撮合成交操作训练；

5）签订买卖（租赁）成交合同操作训练；

6）佣金结算与售（租）后服务操作训练。

2. 综合实训流程

房地产经纪综合实训流程见图1-2。

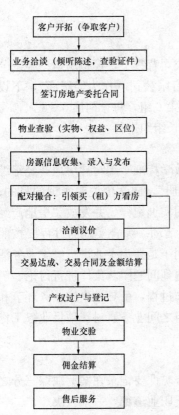

图1-1 房地产经纪业务典型完整工作过程

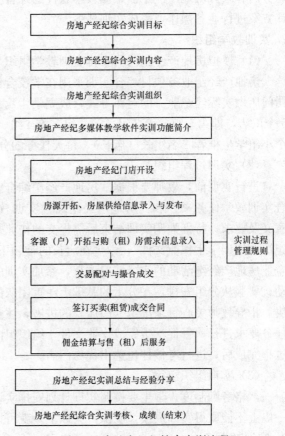

图1-2 房地产经纪综合实训流程

1.4 房地产经纪综合实训教学方式与教学组织

1. 实训教学方式

房地产经纪综合实训教学方式采用市场调研与企业现场实训、辅助案例与工作经验分享以及软件操作相结合。

(1) 房地产市场调研与企业现场实训

组织学生围绕实训项目多次开展房地产市场调研，多次参观学校的合作企业，现场考察该企业的房地产经纪门店，向门店员工学习、讨论、操作、训练，熟悉房地产经纪业务操作流程。市场调研与现场考察目的：使学生熟悉房地产经纪市场与业务项目，便于顺利完成实训项目的学习任务。

(2) 辅助案例与工作经验分享

从学校合作企业的房地产经纪业务里挑选多个典型的房地产经纪业务案例以及房地产经纪从业人员的工作经验，进行分析教学。辅助案例与工作经验分享目的：使学生寻找灵感和借鉴，便于顺利完成房地产经纪业务实训操作学习任务。

(3) 软件操作

根据市场调研、企业现场考察实训和辅助案例分析，把合作企业在本市的房地产经纪业务内容录入房地产经纪多媒体教学软件的综合实训系统中，按房地产经纪业务流程和设计方案进行业务操作，完成实训任务。

2. 实训教学组织

(1) 模拟房地产经纪公司安排实训教学组织

房地产经纪业务项目综合实训采用在学校合作企业的公司背景下，模拟房地产经纪公司门店做实际经纪业务的运作方式，成立学生房地产经纪有限公司（作为经纪商），下设6个门店，即第1组、第2组、第3组、第4组、第5组、第6组，每个门店5～8人，每个小组学生推荐1名组长（店长），每天任务的分配均由店长组织进行。

(2) 实训过程组织

进行实训前，教师要根据"房地产经纪综合实训课程教学标准"编写"房地产经纪综合实训教学任务书"和"房地产经纪综合实训教师指导手册"，向学生说明实训的目的、意义及要求，特别强调实训结束后需提交的作业文件，阐明实训纪律，并发放"房地产经纪综合实训学生作业文件"，学生在店长的带领下开展实训活动。综合实训的过程要按照企业房地产经纪活动的实际情况进行，参加实训的学生等同于是在为企业进行经纪业务活动，要服从分组安排，在分工的基础上注重团队的合作，遇到问题团队集体进行讨论、解决。指导教师关心每个小组（门店）的进展，注意业务操作过程，引导学生按业务环节和任务要求进行，督促学生完成作业文件，组织组内、组与组之间业务研讨。项目业务工作过程完成后，进行考核评比选出优秀门店。

(3) 实训组织纪律

严格考勤制度，学生要按照实训计划安排实训，请假、旷课要记录在案。缺课三分之一以上不能取得实训成绩，旷课一天以上，就可以认定缺乏职业道德，一票否决。

3. 实训教学场地

(1) 房地产市场

主要用于市场楼盘调研，房地产市场包括：住宅市场、写字楼市场、商铺市场等。

（2）经纪企业

主要用于现场参观考察和业务实训，要充分利用学校的合作企业资源。

（3）房地产经纪实训软件机房

主要用于房地产经纪业务流程操作，包括：房源录入、客户录入、交易配对、合同与佣金结算等。

（4）非固定场所

主要用于团队研讨和编写实训项目操作方案，非固定场所包括：教室、会议室、实训室等。

1.5 房地产经纪综合实训教学进度计划与教学控制

1. 实训教学进度计划

房地产经纪综合实训教学进度计划见表1-1。

房地产经纪综合实训教学进度计划　　　　表1-1

项目名称	完成需要时间	开始	结束	工序	项目验收和作业文件	实训场地
1. 房地产经纪门店开设	1~2天				（1）房地产经纪门店开设方案	房地产市场经纪企业（非固定）
（1）经纪业务实训任务研讨与计划				1	题目1：当地城市房地产经纪市场调研与市场细分	
（2）开展房地产经纪市场调研				2		
（3）选择确定区域市场				3	题目2：确定房地产经纪门店区域市场	
（4）选择确定经营方向、经营定位和经营模式				4	题目3：确定经营方向、经营定位和经营模式	
（5）选择确定门店地址				5	题目4：确定门店地址、制定门店布置方案	
（6）制定门店布置方案				6	题目5：门店推广策略	
（7）制定门店推广策略				7		
2. 房源开拓、房屋供给信息录入与发布	3~8天				（2）房源开拓与房屋供给信息发布方案	房地产市场经纪企业软件机房（非固定）
（1）房源开拓与房屋出售（出租）客户接待				8	题目6：出售（出租）客户开拓与接待操作方案	
（2）签订房屋出售（出租）委托书				9	题目7：房屋出售（出租）委托书	
（3）物业勘察操作训练：①信息核实②权属审核③检查房屋				10	题目8：物业勘察操作方案 题目9：实训软件录入出售（出租）房源信息	
（4）出售（出租）房源信息计算机软件录入				11	题目10：房源信息发布（广告宣传）方案	
（5）房源信息发布（广告宣传）				12		

续表

项目名称	完成需要时间	开始	结束	工序	项目验收和作业文件	实训场地
3. 客源（户）开拓与购（租）房需求信息录入	2~5天				（3）客户开拓与购（租）房需求信息录入方案	房地产市场经纪企业软件机房（非固定）
（1）求购（求租）客户开拓				13	题目11：客户开拓与求购（求租）客户接待操作方案 题目12：房屋求购（求租）委托书 题目13：求购（求租）客源信息计算机软件录入操作	
（2）房屋求购（求租）客户接待				14		
（3）房屋求购（求租）委托书				15		
（4）求购（求租）客源信息计算机软件录入				16		
4. 交易配对与撮合成交	1~2天				（4）交易配对与撮合成交方案	房地产市场经纪企业软件机房（非固定）
（1）客户查询、挖掘需求				17	题目14：客户查询、挖掘需求方案 题目15：客户配对操作方案 题目16：邀约带看操作方案 题目17：洽商议价与交易促成操作方案 题目18：计算机软件配对操作记录	
（2）信息匹配，为求购（求租）客户推荐合适的房屋				18		
（3）邀约带领客户看房				19		
（4）洽商议价				20		
（5）促成交易				21		
（6）计算机软件配对操作				22		
5. 签订买卖（租赁）成交合同	1天				（5）签订买卖（租赁）成交合同方案	房地产市场经纪企业软件机房（非固定）
（1）签约前的准备				23	题目19：合同文本条款拟定 题目20：签约准备与实施方案 题目21：计算机软件合同签订记录	
（2）合同条款与定金				24		
（3）计算机软件上签订合同				25		
6. 佣金结算与售（租）后服务	1天				（6）佣金结算与售（租）后服务方案	房地产市场经纪企业软件机房（非固定）
（1）计算机软件佣金结算				26	题目22：计算机软件佣金结算记录 题目23：售（租）后服务方案	
（2）售（租）后服务：税费计算与代办				27		
（3）售（租）后服务：款项交割或协助办理抵押贷款				28		
（4）售（租）后服务：协助房地产权属登记（备案）				29		
（5）售（租）后服务：房地产交验（交钥匙）				30		
（6）售（租）后延伸服务、改进服务与跟踪服务				31		

续表

项目名称	完成需要时间	开始	结束	工序	项目验收和作业文件	实训场地
7. 房地产经纪实训总结与经验分享	1天				(7) 实训总结与经验分享	
(1) 实训总结				32	题目24：实训总结	教室
(2) 实训交流分享				33	题目25：实训交流分享	
8. 实训收尾结束					《房地产经纪实训报告（作业文件）》实训成绩，实训教学文件归档	教室

2. 实训教学控制

(1) 实训指导

学生按班级分组（门店）实训，每个班级1~2名指导教师。

(2) 实训要求

①每个学生完成实训手册《房地产经纪实训报告（作业文件）》；②每个组（门店）团结协助，提供1~2篇房地产经纪业务操作方案（电子稿），即电子稿《房地产经纪实训报告（作业文件）》；③每个学生利用实训软件完成规定业务交易量，取得交易佣金，佣金排行榜作为评定实训成绩的重要依据。

实训时间为2~4周。

3. 实训控制指标

房地产经纪综合实训控制指标内容见表1-2。

房地产经纪综合实训控制指标　　　　　　表1-2

实训学习任务（项）	控制指标（个）	实训作业文件（项）	学时（天）
1. 房地产经纪门店开设	(1) 经纪业务要求研讨与实训计划 (2) 开展房地产经纪市场调研 (3) 选择确定区域市场 (4) 选择确定经营方向、经营定位和经营模式 (5) 选择确定门店地址 (6) 制定门店布置方案 (7) 制定门店推广策略	(1) 房地产经纪门店开设方案	4~8 (1~2天)
2. 房源开拓、房屋供给信息录入与发布	(1) 房源开拓与房屋出售（出租）客户接待 (2) 签订房屋出售（出租）委托书 (3) 物业勘察操作训练 (4) 出售（出租）房源信息计算机软件录入 (5) 房源信息发布（广告宣传）	(2) 房源开拓、房屋供给信息录入与发布方案	12~32 (3~8天)
3. 客源（户）开拓与购（租）房需求信息录入	(1) 求购（求租）客户开拓 (2) 房屋求购（求租）客户接待 (3) 房屋求购（求租）委托书 (4) 求购（求租）客源信息计算机软件录入	(3) 客源（户）开拓与购（租）房需求信息录入方案	8~20 (2~5天)

续表

实训学习任务 （项）	控制指标 （个）	实训作业文件 （项）	学时 （天）
4. 交易配对与撮合成交	（1）客户查询、挖掘需求 （2）信息匹配，为求购（求租）客户推荐合适的房屋 （3）邀约带领客户看房 （4）洽商议价 （5）促成交易 （6）计算机软件配对操作	（4）交易配对与撮合成交方案	4~8 (1~2天)
5. 签订买卖（租赁）成交合同	（1）签约前的准备 （2）合同条款与定金 （3）计算机软件上签订合同	（5）签订买卖（租赁）成交合同方案	4 (1天)
6. 佣金结算与售（租）后服务	（1）计算机软件佣金结算 （2）售（租）后服务：税费计算与代办 （3）售（租）后服务：款项交割或协助办理抵押贷款 （4）售（租）后服务：协助房地产权属登记（备案） （5）售（租）后服务：房地产交验（交钥匙） （6）延伸服务、改进服务、跟踪服务	（6）佣金结算与售（租）后服务方案	4 (1天)
7. 房地产经纪实训总结与分享	（1）实训总结 （2）实训交流分享	（7）实训总结	4 (1天)
合计			40~80 (10~20天)
实训结束	将7项作业文件组合成为《房地产经纪实训报告（作业文件）》		

1.6 房地产经纪综合实训教学文件

房地产经纪综合实训教学文件是开展综合实训的指导性文件，是评价综合实训质量的重要依据。综合实训教学文件主要有"房地产经纪综合实训课程教学标准"、"房地产经纪综合实训教学任务书"、"房地产经纪综合实训教师指导手册"和"房地产经纪综合实训学生作业文件"，由学校专职教师会同企业兼职教师联合编写。参与综合实训的教师和学生分别携带各自对应的文件，随时记录，供考核和备查之用。

1. 房地产经纪综合实训课程教学标准

房地产经纪综合实训课程教学标准是规定房地产经纪综合实训的课程性质、课程目标、内容目标、实施建议的教学指导性文件。房地产经纪综合实训课程教学标准内容目录，见图1-3。

（1）前言

① 本课程在相关专业中的定位。见"1.1 房地产经纪综合实训课程的专业定位与教

目 录

1. 前言
   1.1 本课程在相关专业中的定位
   1.2 本课程的基本教学理念
2. 课程目标
   2.1 课程总目标
   2.2 具体目标（课程预设能力目标的阐述）
      （一）专业能力目标
      （二）方法能力目标
      （三）社会能力目标
3. 内容描述
   3.1 项目选题范围
   3.2 项目内容要求
4. 实施要求
   4.1 教学实施要领与规范
   4.2 教学方式与考核方法
      （一）教学方式
      （二）考核方法
   4.3 教学文件与使用
5. 其他说明

图1-3 房地产经纪综合实训课程教学标准内容目录

学理念"。

② 本课程的基本教学理念。见"1.1 房地产经纪综合实训课程的专业定位与教学理念"。

（2）课程目标

① 课程总目标。见"1.2 房地产经纪综合实训目标"。

② 具体目标。见"1.2 房地产经纪综合实训目标"。

（3）项目内容描述

① 项目选题范围。见"1.3 房地产经纪综合实训内容及流程"。

② 项目内容要求。见"1.3 房地产经纪综合实训内容及流程"。

（4）实施要求

① 教学实施要领与规范。见"1.8 房地产经纪综合实训过程管理规则"。

② 教学方式与考核方法。见"1.4 房地产经纪综合实训教学方式与组织"和"1.8 房地产经纪综合实训过程管理规则"。

③ 教学文件与使用。任务书和各自对应的手册，随时记录各种作业文件，供考核和备查之用。

（5）其他说明

① 项目教学组织。见"1.4 房地产经纪综合实训教学方式与组织"。

② 对教师的要求。见"1.8 房地产经纪综合实训过程管理规则"。

2. 房地产经纪综合实训教学任务书

房地产经纪综合实训课程教学任务书是规范教学管理、保证教学质量、确保教学任务顺利落实和完成的教学指导性文件。实训教学任务书内容如下：

（1）综合实训项目任务

① 培养学生的房地产经纪业务处理能力和职业素养以及综合职业能力。

② 提高教师房地产经纪业务实践经验和经纪连锁管理科研能力。

③ 提高房地产教学团队服务社会的水平。

（2）实训控制要求、控制指标和任务细则

① 实训控制要求。实训方法，见"1.4 房地产经纪综合实训教学方式与组织"；实训指导，1～2名教师；实训要求，每个组团结协助，提供1～2篇经纪业务实训报告；实训时间，2～4周。

② 房地产经纪业务实训控制指标。见"1.5 房地产经纪综合实训教学进度计划与教学控制"。

③ 房地产经纪业务操作实训任务细则

任务1：房地产经纪门店开设。见"第2章 实训1 房地产经纪门店开设"中"5. 作业任务及作业规范"。

任务2：房源开拓、房屋供给信息录入与发布。见"第2章 实训2 房源开拓、房屋供给信息录入与发布"中"5. 作业任务及作业规范"。

任务3：客源（户）开拓与购（租）房需求信息录入。见"第2章 实训3 客源（户）开拓与购（租）房需求信息录入"中"5. 作业任务及作业规范"。

任务4：交易配对与撮合成交。见"第2章 实训4 交易配对与撮合成交"中"5. 作业任务及作业规范"。

任务5：签订买卖（租赁）成交合同。见"第2章 实训5 签订买卖（租赁）成交合同"中"5. 作业任务及作业规范"。

任务6：佣金结算与售（租）后服务。见"第2章 实训6 佣金结算与售（租）后服务"中"5. 作业任务及作业规范"。

任务7：房地产经纪实训总结与经验分享。见"第2章 实训7 房地产经纪实训总结与经验分享"中"5. 作业任务及作业规范"。

（3）实训任务验收标准

见"1.8 房地产经纪综合实训过程管理规则"。

（4）实训参考资料

① 教材。包括《房地产经纪实务》、《房地产经纪综合实训》等教材。

② 专业期刊。包括《建筑经济》、《上海房地》等房地产专业期刊。

③ 房地产类网站。房地产家居门户网站——365地产家居网：http：//www.house365.com/、中国房地产门户网站——搜房地产网：http：//www.soufun.com/等房地产类网站。

④ 行业、企业资料。通过到房地产行业学会、协会、房地产经纪企业及门店现场收集整理。

3. 房地产经纪综合实训教师指导手册

房地产经纪综合实训教师指导手册是规定实训过程中教师应当遵守的教学指导性文件。实训教师指导手册内容如下：

（1）综合实训项目名称

房地产经纪业务综合实训。

（2）项目教学能力目标

见"1.2 房地产经纪综合实训目标"。

（3）指导教师职责

见"1.8 房地产经纪综合实训过程管理规则"。

（4）综合实训工作要求

① 实训组织安排。见"1.4 房地产经纪综合实训教学方式与组织"。

② 现场5S管理。见"1.8 房地产经纪综合实训过程管理规则"。

（5）学生成绩评定

① 房地产经纪综合实训考核标准。见"1.8 房地产经纪综合实训过程管理规则"中表1-3。

② 房地产经纪综合实训评分细则。见"1.8 房地产经纪综合实训过程管理规则"中表1-4。

（6）综合实训项目计划安排

见"1.5 房地产经纪综合实训教学进度计划与教学控制"中的表1-1、表1-2。

（7）综合实训项目指导细则

任务1：房地产经纪门店开设。见"第2章 实训1 房地产经纪门店开设"中"5.作业任务及作业规范"。

任务2：房源开拓、房屋供给信息录入与发布。见"第2章 实训2 房源开拓、房屋供给信息录入与发布"中"5.作业任务及作业规范"。

任务3：客源（户）开拓与购（租）房需求信息录入。见"第2章 实训3 客源（户）开拓与购（租）房需求信息录入"中"5.作业任务及作业规范"。

任务4：交易配对与撮合成交。见"第2章 实训4 交易配对与撮合成交"中"5.作业任务及作业规范"。

任务5：签订买卖（租赁）成交合同。见"第2章实训5 签订买卖（租赁）成交合同"中"5.作业任务及作业规范"。

任务6：佣金结算与售（租）后服务。见"第2章 实训6 佣金结算与售（租）后服务"中"5.作业任务及作业规范"。

任务7：房地产经纪实训总结与经验分享。见"第2章 实训7 房地产经纪实训总结与经验分享"中"5.作业任务及作业规范"。

（8）学生工作过程应完成的记录表

见第2章中综合实训项目学习活动任务单001～任务单007操作记录表，即题目1～题目25记录表。

（9）项目实训验收标准

见"1.8 房地产经纪综合实训过程管理规则"。

（10）教师项目教学各阶段填写的作业文件与记录

① 分组点名册。见"1.8 房地产经纪综合实训过程管理规则"中表1-4。

② 综合实训项目计划进度表。见"1.5 房地产经纪综合实训教学进度计划与教学控制"中，表1-1、表1-2。

③ 综合实训项目考核标准。见"1.8 房地产经纪综合实训过程管理规则"中表1-6。

④ 综合实训项目评分表。见"1.8 房地产经纪综合实训过程管理规则"中表1-7。

⑤ 综合实训项目验收表。见"1.8 房地产经纪综合实训过程管理规则"中表1-8。

（11）实训项目指导范本

实训项目指导，见"第2章 房地产经纪综合实训操作"。实训项目指导范本及教学参考文献本书中不作详细介绍。

4. 房地产经纪综合实训学生作业文件

房地产经纪综合实训学生作业文件是规定实训过程中学生应当执行的学习指导性文件。学生实训作业文件内容如下：

（1）项目任务名称

"房地产经纪业务"操作综合实训。

（2）综合实训目的

见"1.2 房地产经纪综合实训目标"。

(3) 对学生学习的要求

每个学生应通过房地产经纪真实业务综合实训项目的学习，培养自己系统、完整、具体地完成一个房地产经纪业务项目所需的工作能力（核心能力和关键能力），通过信息收集处理、方案比较决策、制定行动计划、实施计划任务和自我检查评价的能力训练，以及团队工作的协作配合，锻炼职场应有的团队工作能力。具体要求如下：

① 充分了解本指导手册规定拟填写的项目业务各阶段的作业文件与作业记录。

② 充分了解自己的学习能力，针对拟完项目的操作要求，查阅资料，了解相关业务情况，主动参与团队各阶段的讨论，表达自己的观点和见解。

③ 在学习过程中，认真负责，在关键问题与环节上下功夫，充分发挥自己的主动性、创造性来解决技术上与工作中的问题，并培养自己在整个工作过程中的团队协作意识。

④ 认真按规范要求填写与撰写经纪业务操作实训各阶段相关作业文件与工作记录，并学会根据学习与工作过程的作业文件和记录及时反省与总结。

⑤ 做好项目交流与答辩，顺利通过验收，完成全部经纪业务操作实训任务。

(4) 对学生工作的要求

① 团队工作遵循规范。见"1.8 房地产经纪综合实训过程管理规则"。

② 现场5S管理要求。见"1.8 房地产经纪综合实训过程管理规则"。

(5) 学生成绩评定标准

见"1.8 房地产经纪综合实训过程管理规则"中表1-6～表1-8。

(6) 综合实训项目计划进度安排

见"1.5 房地产经纪综合实训教学进度计划与教学控制"中，表1-1、表1-2。

(7) 项目产品验收标准

见"第2章 实训7 房地产经纪实训收尾结束工作"。

(8) 学生工作过程作业文件与记录表

见"第2章"中综合实训项目学习活动任务单001～任务单007操作记录表，即题目1～题目25记录表。

(9) 实训项目学习范本——相关知识要点与范本

相关知识要点，见"第2章 房地产经纪综合实训操作"。实训项目学习范本及教学参考文献本书中不作详细介绍。

1.7 房地产经纪综合实训软件功能简介

房地产经纪多媒体教学软件（房地产综合实训软件）按照职业教育"学做合一"设计，实现"教、学、考、做、赛"五位一体。房地产综合实训软件见图1-4。

1. 房地产经纪业务技能操作训练

(1) 房地产经纪业务操作流程

房地产经纪业务操作流程见图1-5。

(2) 业务流程操作要点

① 开店。一般情况下，学生主要采用房地产经纪公司门店的组织形式开展业务技能操作训练，即分组分角色实训，每个门店由5～10人组成，角色有店长、房地产经纪人、房地产经纪人协理、资源管理、权证办理等，同学之间相互配合，共同完成业务操作训

图 1-4 房地产综合实训软件

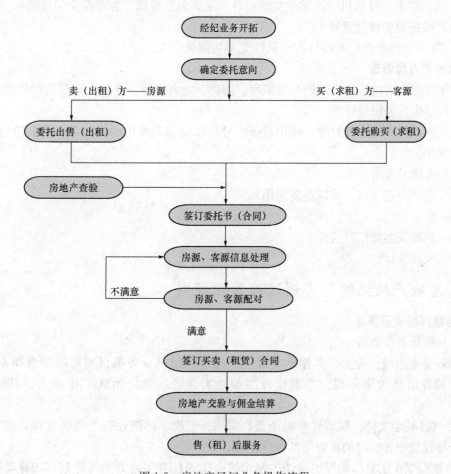

图 1-5 房地产经纪业务操作流程

练。特殊情况下1人也可以单独操作,独立完成经纪业务各个角色的工作,真实地体会房地产经纪业务运作过程及工作职责。做真实业务时,门店要注明所属经纪公司名称、所在区、所在片区、周边小区名称以及周边配套等情况。

② 房屋供给信息发布。可由学生从外网上寻找个人发布或中介发布的房源,录入系统。也可由教师根据房地产经纪公司的房源,通过计算机自动发布。房屋供给信息发布的同时,计算机自动要求按格式填写出售(租)委托书。

③ 客户需求信息录入。客户需求信息的录入统一由教师根据房地产经纪公司的客源,通过计算机自动给出。要求学生使用时,填写客源委托书(购房、租房)。

④ 交易配对。采用双向配对——为房源寻找求购(租)客户;为求购(租)客户寻找房源。由计算机根据房源、客源的具体要求自动配对完成。

⑤ 签订买卖(租赁)成交合同。按格式要求签订成交合同。

⑥ 佣金结算,统计成绩。佣金比例由教师根据当地房地产经纪收费标准事先设定,计算机自动统计佣金。

⑦ 售(租)后服务。需要填写服务表格、服务内容。

⑧ 佣金结算时,计算机统计成绩,给出成绩排行榜。

⑨ 实训结束,计算机输出学生实训内容(主要包括房源、客源及交易成绩)。

2. 房地产经纪业务技能竞赛

见"3.5 房地产经纪多媒体教学软件竞赛功能简介"。

3. 教师实训过程管理

教师管理包括对学生、知识与资源库、题库、业务训练、业务竞赛等进行管理。

(1) 学生登录账号管理。

(2) 知识与资源内容管理。使用教师账号可以对知识库中的任何章节内容进行新增、修改、删除。

(3) 考题及答案录入。

(4) 选题出卷(试卷可以重复使用)。

(5) 学生分组。

(6) 房源及客源信息管理。

(7) 成绩统计。

1.8 房地产经纪综合实训过程管理规则

1. 指导教师职责及要求

(1) 指导教师职责

培养学生系统、完整、具体地完成一个房地产经纪业务项目所需的综合职业能力,使学生具备信息收集处理、方案比较决策能力,锻炼学生团队工作能力。具体要求如下:

① 准备教学文件,联系好考察企业,策划、组织、协调好整个实训过程,填写实训项目指导过程中各阶段的作业文件指导记录。

② 根据学生的具体情况引导学生制定综合实训任务实施方案与计划,指导学生查阅资料、考察、了解区域房地产市场,使学生通过综合实训完成经纪业务操作整个过程,并

通过必要的组织形式让学生主动参与自主学习。

③ 在指导学生综合实训过程中，认真负责，在关键问题与环节上把好关，做好引导工作，对学生要放手锻炼，防止包办代替，充分发挥他们的主动性、创造性。

④ 培养学生在整个工作过程中的团队协作意识。

⑤ 指导学生从资讯、方案、计划、实施、检查到评估各阶段按规范要求完成相关作业文件与工作记录，并认真检查学生经纪业务操作过程的作业文件和记录。

⑥ 辅导、解答学生所遇到的理论知识和操作技巧等方面的问题，引导学生自主完成整个经纪业务操作过程。

⑦ 及时组织学生研讨业务项目、评选最佳业务和优秀团队，激励学生。

⑧ 及时了解学生的思想作风、工作表现和职场工作氛围等方面的情况。

⑨ 引导学生组织做好业务项目交流、答辩工作。

(2) 对教师的要求

对实训指导教师的工作情况由参与实训的全体学生和教学团队教师共同评价，从以下几方面评价实训指导教师履行职责情况：

① 指导过程认真负责，在关键问题上把好关、作好引导工作，耐心解答学生所遇到的问题；

② 注意培养学生的综合职业能力，充分发挥他们的主动性、创造性；

③ 培养学生在整个工作过程中团队协作和敬业爱岗精神；

④ 以身作则，模范地遵守校纪校规以及实训企业的规章制度，具有良好的职业道德，为人师表；

⑤ 对综合实训项目的实施控制能力强，在本专业领域有较深的造诣，在学生中有较高的威信；

⑥ 对学生的评价公开、公平、合理。

2. 对学生工作的要求

(1) 团队工作遵循规范

① 采用房地产经纪门店的团队形式开展实训工作，每天任务的分配均由店长组织进行，组员必须服从店长安排。

② 关心门店整体工作的进展，及时配合组内其他成员的工作，做到全组工作协作有序。

③ 注意按经纪业务环节和任务要求进行，及时完成作业文件。

④ 注意工作过程的充分交流，开展组内、组与组之间的实训研讨，完善提高。

(2) 现场 5S 管理

① 每个小组安排轮值担任安全员，负责每天实训室的设施检查以及工作场所中的安全问题（如实训结束及时关闭电源等）。

② 每天学生离开工作场所必须打扫环境卫生，地面、桌面、抽屉里都要打扫干净并保持整洁。

③ 设考勤员每天负责考勤，并报告考勤情况，在告知清楚的前提下无故迟到 3 次实训成绩最高只能给及格，旷课 1 次，实训无成绩。学生实训考勤表见表 1-3。

学生实训考勤表　　　　　　　表1-3

班级：　　　　　　　　　　　　　　　　　　　　指导教师：

实训名称	房地产经纪业务项目综合实训												
组别	成员	日1	日2	日3	日4	日5	日6	日7	日8	日9	日10	日11	日12

④ 工作时间不得吃东西，喝水必须到指定区域。

⑤ 按照企业工作现场要求规范学生的言行，注重安全、节能、环保和环境整洁，工具、附件、计算机设备摆放规范。

⑥ 明确告知学生在实训场所的纪律，包括工作态度、交流方式、工作程序、作业要求与作业记录要求等。

3. 教学实施要领与规范

教学实施要领与规范如图 1-6 所示，表中内容是房地产经纪综合实训的整体实施要领与规范，由各项目团队根据综合实训项目的具体内容及实施规范要求进行有针对性地简化编写。房地产经纪综合实训项目时间可根据实训具体安排进行适当调整，实训内容也可根据具体项目不同而进行增减。具体实训实施过程中的要领与规范，详见"第 2 章 房地产经纪综合实训操作"中"实训 1-7"每个活动中的"作业任务及作业规范"。

4. 实训考核方法与实训成绩评定

学生参加综合实训项目学习的成绩由形成性考核与终结性考核两部分成绩相结合给出。

（1）形成性考核

由实训指导教师对每一位学生每一阶段的实训情况进行过程考核。每一阶段根据学生上交的作业文件和业绩记录，依据项目本阶段验收考核要求，参照学生参与工作的热情、

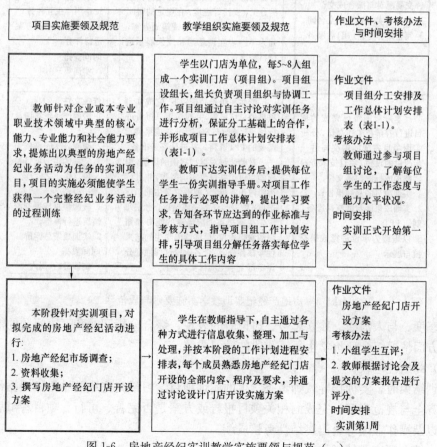

图 1-6　房地产经纪实训教学实施要领与规范（一）

阶段任务	实施过程	作业文件与考核
本阶段在房地产经纪门店开设的基础上，开展房地产经纪活动： 1. 房源开拓、房屋供给信息录入与发布； 2. 客源（户）开拓与购（租）房需求信息录入	学生在教师引导下，通过房地产经纪理论知识，结合市场调查和企业考察的结果进行房源开拓、客源（户）开拓，并对结果进行信息录入，形成房源、客源库，为下一步的经纪业务打下基础。 教师针对房源开拓、客源（户）开拓所需要的方法，通过对典型案例的讲解，结合收集的相关资料，引导学生自己选择适合自己的方法，进行房源开拓、客源（户）开拓，并完成信息录入方案。	作业文件 1. 房源开拓、房屋供给信息录入与发布方案； 2. 客源（户）开拓与购（租）房需求信息录入方案。 考核办法 1. 小组学生互评分； 2. 教师根据讨论会及每位学生提供的技术资料及发言给出本阶段每位学生的评分。 时间安排 实训第1~2周
本阶段针对上述房源开拓、客源（户）开拓建立房源、客源（户）信息库的结果，进行房地产经纪方案的编写，完成： 1. 交易配对与撮合成交； 2. 签订买卖(租赁)成交合同； 3. 佣金结算与售(租)后服务	学生在教师引导下完成交易配对与撮合成交、签订买卖(租赁)成交合同、佣金结算与售(租)后服务等业务方案。 教师讲解相关项目的典型案例，提出方案撰写的要求，小组成员讨论方案的撰写内容与要求，并进行相应的分工，安排好进度，在规定的时间内完成实训项目的报告或策划方案，并为下一步实训总结和成果展示进行材料准备	作业文件 1. 交易配对与撮合成交方案； 2. 签订买卖(租赁)成交合同方案； 3. 佣金结算与售(租)后服务方案。 考核办法 1. 小组学生互评分； 2. 教师根据实训方案进行评分。 时间安排 实训第3~4周
本阶段围绕已完成的项目进行答辩及工作总结，分析实训项目完成的得失与进一步改进的设想，项目技术资料建档形成标准归档文件： 1. 实训项目的总结报告； 2. 实训成果展示的资料准备、制作PPT； 3. 以班级为单位进行成果交流与展示	学生在组长的带领下，完成实训项目的总结报告，并对实训总报告进行讨论、修改与定稿，准备成果展示需要的PPT资料，并进行答辩准备。 教师通过对典型案例的讲解，引导学生讨论并修改实训报告，并进行小组讨论答辩，了解每位学生的工作态度、能力与任务完成情况，考察每位学生掌握实训应培养的能力和知识的掌握程度，最终给出学生的结果性考核评分，结合各阶段过程性评分评定每个学生项目实训成绩	作业文件 1. 房地产经纪实训总结； 2. 交流分享成果PPT； 3. 完善的实训项目报告（作业文件）。 考核办法 1. 教师根据成果交流情况进行评价； 2. 实训成绩总评价。 时间安排 实训最后1周内

图 1-6 房地产经纪实训教学实施要领与规范（二）

工作的态度、与人沟通、独立思考、讨论时的表现、综合分析问题和解决问题的能力、出勤率等方面情况综合评价学生每一阶段的学习成绩。

（2）终结性考核

实训结束时，实训指导教师考查学生的实训项目学习最终完成的结果，根据作业文件提交的齐全与规范程度、完成的相关项目报告或方案是否完善、可行、项目答辩思路、语言表达以及操作业绩等给出终结性考核成绩。

（3）综合评定成绩

根据形成性考核与终结考核两方面成绩，按规定的要求给出学生本项目实训综合评定成绩。形成性考核（过程考核）占70%，终结性考核（结果考核）占30%。

（4）否定项

旷课一天以上、违反教学纪律三次以上且无改正、发生重大责任事故、严重违反校纪校规、不按作业文件要求完成项目报告或方案及其他作业文件。

（5）学生本综合实训项目课程成绩评定标准打分表与验收表（表1-4～表1-6）

房地产经纪业务综合实训考核标准　　　　　　　　　　　表1-4

实训项目	项目内容	项目成绩评定标准				
		90～100	80～89	70～79	60～69	0～50
房地产经纪业务综合实训	分组讨论	无迟到、旷课	无迟到、旷课	没有旷课记录	没有旷课记录	旷课1天以上
		口头交流叙述流畅，观点清楚，表达简单明白	能比较流畅地表达自己的观点	基本表达自己观点	只能表达部分观点	言语含糊不清，思维混乱
		独立学习、检索资料能力强，有详细记录	检索资料能力比较强	基本合理运用资料	运用资料较差	基本不会检索资料
		承担小组的组织	积极参与讨论，有建设性意见	积极参与讨论，有自己的意见	参与讨论	不参与讨论
	（任务单001）房地产经纪门店开设方案	房地产经纪门店开设方案正确、表达清晰	房地产经纪门店开设方案正确、表达基本清晰	房地产经纪门店开设方案基本正确、表达基本清晰	房地产经纪门店开设方案基本正确、表达不清晰	房地产经纪门店开设方案不正确
	（任务单002）房源开拓、房屋供给信息录入与发布方案	房源开拓、房屋供给信息录入与发布方案正确、表达清晰	房源开拓、房屋供给信息录入与发布方案正确、表达基本清晰	房源开拓、房屋供给信息录入与发布方案基本正确、表达基本清晰	房源开拓、房屋供给信息录入与发布方案基本正确、表达不清晰	房源开拓、房屋供给信息录入与发布方案不正确
		房源图结构形状正确、尺寸合理	房源宣传位置图基本合理	房源宣传位置图基本合理	房源宣传位置图不太合理	房源图不正确
	（任务单003）客源（户）开拓与购（租）房需求信息录入方案	客源（户）开拓与购（租）房需求信息录入方案正确、表达清晰	客源（户）开拓与购（租）房需求信息录入方案正确、表达基本清晰	客源（户）开拓与购（租）房需求信息录入方案基本正确、表达基本清晰	客源（户）开拓与购（租）房需求信息录入方案基本正确、表达不清晰	客源（户）开拓与购（租）房需求信息录入方案不正确

续表

实训项目	项目内容	项目成绩评定标准				
		90~100	80~89	70~79	60~69	0~50
房地产经纪业务综合实训	（任务单004）交易配对与撮合成交方案	交易配对与撮合成交方案正确、表达清晰，成交量满足要求	交易配对与撮合成交方案正确、表达基本清晰，成交量基本满足要求	交易配对与撮合成交方案基本正确、表达基本清晰，成交量基本满足要求	交易配对与撮合成交方案基本正确、表达不清晰，成交量不满足要求	交易配对与撮合成交方案不正确，成交量不满足要求
	（任务单005）签订买卖（租赁）成交合同方案	签订买卖（租赁）成交合同方案正确、表达清晰	签订买卖（租赁）成交合同方案正确、表达基本清晰	签订买卖（租赁）成交合同方案基本正确、表达基本清晰	签订买卖（租赁）成交合同方案基本正确、表达不清晰	签订买卖（租赁）成交合同方案不正确
	（任务单006）佣金结算与售（租）后服务方案	佣金结算与售（租）后服务方案正确、表达清晰	佣金结算与售（租）后服务方案正确、表达基本清晰	佣金结算与售（租）后服务方案基本正确、表达基本清晰	佣金结算与售（租）后服务方案基本正确、表达不清晰	佣金结算与售（租）后服务方案不正确
	（任务单007）房地产经纪实训总结与经验分享方案	房地产经纪实训总结与经验分享方案正确、表达清晰	房地产经纪实训总结与经验分享方案正确、表达基本清晰	房地产经纪实训总结与经验分享方案基本正确、表达基本清晰	房地产经纪实训总结与经验分享方案基本正确、表达不清晰	房地产经纪实训总结与经验分享方案不正确

备注：①在每项任务中都有简短讨论环节；②在每项任务中旷课1天以上，成绩0~59

房地产经纪业务综合实训评分表　　表1-5

任务单号	小组讨论（10%）	过程评价（20%）	任务单成绩（40%）	完成成果（30%）	小结	比例
001						10%
002						20%
003						15%
004						10%
005						5%
006						5%
007						5%
经纪业务操作方案	思路清晰性（0~20）	结构合理性（0~20）	任务正确性（0~40）	形式美观（0~20）		30%
总成绩						

综合实训验收表

表 1-6

班级：　　　　组别：　　　　成员：　　　　　　　　　　指导教师：

实训名称：房地产经纪业务综合实训

任务单号	应交作业文件	验收评价档次			
		优秀	良	合格	不合格
001	房地产经纪门店开设方案				
002	房源开拓与房屋供给信息发布方案				
003	客源（户）开拓与购（租）房需求信息录入方案				
004	交易配对与撮合成交方案				
005	签订买卖（租赁）成交合同方案				
006	佣金结算与售（租）后服务方案				
007	房地产经纪实训总结与经验分享方案				
项目操作方案	《房地产经纪实训报告（作业文件）》				
验收综合评价档次					
验收评语	验收教师（签名）：　　　　年　月　日				

第 2 章　房地产经纪综合实训操作

本章从房地产经纪门店开设、房源开拓、房屋供给信息录入与发布、客户开拓与购（租）房需求信息录入、交易配对与撮合成交、签订买卖（租赁）成交合同、佣金结算与售（租）后服务、房地产经纪实训总结与经验分享等 7 个实训介绍了房地产经纪综合实训的操作内容。

实训 1　房地产经纪门店开设

1. 实训技能要求

（1）能够理解房地产开发类职业标准内容；
（2）能够理解工匠精神在房地产开发业务的体现；
（3）能够进行房地产经纪市场细分；
（4）能够正确选择区域市场；
（5）能够正确选择经营方向、经营定位和经营模式；
（6）能够进行门店选址；
（7）能够进行门店布置；
（8）能够制定门店推广策略。

2. 实训步骤

（1）开展房地产经纪市场调研；
（2）选择确定区域市场；
（3）选择确定经营方向、经营定位和经营模式；
（4）选择确定门店地址；
（5）制定门店布置方案；
（6）制定门店推广策略。

3. 实训知识链接与相关案例

（1）房地产经纪

房地产经纪指以收取佣金为目的，为促成他人房地产交易而从事居间、代理、行纪等业务的经济活动。

① 房地产居间。指向委托人报告订立房地产交易合同的机会或者提供订立房地产交易合同的媒介服务，并收取委托人佣金的行为。房地产居间人必须"一手托两家"，房地产居间业务主要有转让居间业务和租赁居间业务。

② 房地产代理。是指以委托人的名义，在授权范围内，为促成委托人与第三方进行房地产交易而提供服务，并收取委托人佣金的行为。根据服务对象的不同，房地产代理可分为：卖方代理和买方代理。根据代理业务客体的交易形式不同，房地产代理可划分为：买卖（销售）代理；租赁代理；抵押代理；置换代理；房地产权属登记代理；纳税等其他代理业务。

③ 房地产行纪。指房地产经纪机构受委托人的委托，以自己的名义与第三方进行交

易，并承担规定的法律责任的商业行为。

（2）房地产经纪门店

房地产经纪门店是房地产经纪机构设立的分支机构，由房地产经纪机构及其设立的分公司来经营，这些店铺也是它们各自的办公场所。房地产经纪门店的开设，需要明确区域和经营定位。经营定位和经营模式的选择又依赖于有效的市场细分，并根据所划分客户群体的属性及分布区域，进行有效的业务开展。

（3）房地产经纪市场细分

市场细分是指导经纪机构选择业务开展区域和制定经营方向的决定性因素。在开设房地产经纪业务前，需要对房地产经纪市场进行细分。

① 按房地产使用性质的不同，房地产产品可以细分为住宅、写字楼、商铺以及工业厂房等。所以，经纪业务市场可以分为：住宅市场、写字楼市场、商铺市场等。

② 按房地产转让经纪业务细分，可分为：土地使用权转让居间或代理；新建商品房期房买卖居间或代理；现房买卖居间或代理；二手房的买卖居间或代理。

③ 按房地产租赁经纪业务细分，可分为：土地使用权租赁居间或代理；新建商品房的期权预租居间或代理；新建商品房现房出租居间或代理；存量房屋的出租和转租居间或代理。

（4）区域市场选择

就是为房地产经纪门店选择一个业务相对集中、稳定的区域范围市场。特定的区域市场具有相应的特性，将直接影响到经纪门店的开设，要确定符合细分目标客户群体的消费区域。特定的区域通常由核心区域、中间区域和外围区域构成。房地产门店的影响力在区域内通常有一个相对集中、稳定的范围，因此要界定好区域范围。

（5）经营方向选择

在充分了解目标市场的特征及选择区域的市场状况后，经纪机构就可以制定合理的经营方向。在经营方向选择上，要注重准确的广告推广、从业人员业务水平的提高、销售跟进或其他宣传形式的各种市场沟通方式。

（6）经营定位策略

经营定位有3种策略：①市场优势策略；②市场追随策略，追随策略并不是简单的模仿，而是要有独特的发展路线，尽量避免激烈竞争的制约，正确把握市场细分与集中的关系；③市场补缺策略。

（7）经营模式

房地产经纪机构经营模式分为"有店铺经营"和"无店铺经营"两种。房地产经纪业务一般采取有店铺的经营方式，这样便于面向零散房地产业主及目标客户。同时，根据店铺数量的多少分为单店铺经营方式、多店铺经营方式和连锁店铺经营方式。

（8）门店选址

就是为门店选定一个经营地址，要求门店有关的街道人流量要大、要集中，交通方便，道路空阔，房源密布。门店选址影响门店的经营效益，选址得当，就可以占有"地利"优势，广泛吸引客户，增强客户信心，提高获利的机会。选址要坚持"方便客户"的原则，体现出可达性、易达性及其他便于客户接近的特性，以节省客户的交易时间，降低交易成本，并能最大限度满足客户的需要。门店选址的条件：①确保可持续经营。必须具有发展眼光，对未来的市场发展要有一个准确的评估和预测，选址应具有一定的商业发展潜力，在该地区具有竞争优势，以保证在以后一定时期内都是有利可图的。②充足的潜在客户群体及房源。③顺畅的交通条件和客户可达性。

（9）门店的布置

门店有如人的"脸面"，是房地产经纪企业的形象，要科学布置。门店形象设计的基本原则：要符合房地产经纪行业的基本特征，并充分考虑客户的消费心理等因素。①符合经纪机构的形象宣传。设计风格要与经纪机构的形象宣传、主色调等保持一致。②注重个性化。做到"出众"但不"出位"（行业特点）。③注重人性化。门店要符合机构本身的目标客户群的"口味"，针对性强，提升门店与客户之间的亲切感。

案例 2-1　中广置业公司经纪门店布局

中广置业经纪门店布局见图 2-1。中广置业经纪门店内部主色色调为红色和蓝色，门店接待区、会谈区宽阔敞亮，给客户一种亲切感。

图 2-1　中广置业经纪门店布局

（10）门店推广策略

① 门店形象定位。门店形象也是企业形象的浓缩。形象塑造是一套综合的系统，将企业无形与有形、外在与内在的形象魅力，全方位地展现给客户。有效的形象定位，有助于增强门店竞争力。门店形象定位必须做好3个方面的工作：一是树立企业精神，企业精神是经纪机构企业文化的核心要素，它包括企业价值观、敬业精神、企业道德、企业作风等，企业精神确立之后，要通过培训、教育的手段告知员工，作为员工的行为规范；二是营造经营理念，包括经营信条、经营方针等内容，要把创造卓越的服务品质作为自己的经营信条。②适时引进 CIS。即企业识别系统，将企业的经营活动、经营理念、企业精神通过媒体宣传来增进社会认同。③广告宣传。制定系列广告宣传方案，提高经纪机构的知名度，巩固门店市场地位，降低门店经营成本。

(11) 房地产经纪门店管理

① 在门店显眼处公开下列文件：合法经营文件，如工商营业执照、税务登记证；房地产经纪资质证书，包括企业的和房地产经纪个人的；业务规章流程，重点是房地产经纪服务流程图；服务取费标准，特别说明什么时候和什么条件下收取，哪种情况下不收取。

② 形象管理。房地产经纪公司视自身的规模适当开展形象建设工作，可以增强客户的信赖。应从店面的装修风格、室内的整洁、员工的统一着装、企业文化的宣传等方面，给客户留下深刻的印象，从而留住客户。A. 稳健经营的形象：公司建制、运营中心、公共关系。B. 店面展示的形象：LOGO 吸引，招贴丰富；室内整洁，配饰热情；钥匙牌体现邻里信赖。C. 制服的魅力：统一的美感、统一化的服务；烘托团队的魅力和服务面貌；要理解穿制服的目的。

③ 协作精神。房地产居间事务繁杂，需要合作，合作能增加成功机会。合作首先要真诚，努力付出并尊重同业工作价值。不可直接或间接索取联系电话，也不可擅自与对方客户交换名片或公开自己的非同一机构身份。合作双方应各自负责其工作部分，并不得以减佣金或免佣金方式来争取客户，从而损害合作方的正常利益。

④ 自我防范。房地产经纪企业之间应友好协作，并善待客户。但面对竞争和不成熟的市场环境，也需要对非善意的行为予以防范和还击。如防范同业托盘和业主跳盘，优质房源往往成为同业追逐的对象，防止被欺骗的手段只有独家委托和快速成交。而业主跳盘通常跟口头委托和过早安排双方见面有关，书面委托可以追讨佣金，控制节奏能让双方体会房地产经纪人的服务价值感。

4. 实训要领与相关经验

房地产经纪门店开设实训用时 1~2 天，教师要指导学生填写实训进度计划表 1-1、考勤表 1-4 以及作业文件"综合实训项目学习活动任务单 001：房地产经纪门店开设操作记录表（表 2-2~表 2-6）"。

(1) "房地产经纪市场调研"要领

① 制定市场调研计划。调研目的，就是调查当地房地产经纪市场，进行市场细分，为开设房地产经纪门店提供依据；研究内容，包括房地产经纪市场类型、业务类型、业务量及变化趋势等；主要采用统计分析研究方法；调研时间 1 天左右；参与人员为全体同学；预算调研经费为 500~1000 元，主要用于交通费。

② 调研数据采集、处理与市场细分。调研数据来源于对当地城市房地产经纪市场的采集，主要采用现场调查和网上调查相结合采集方法，现场调查又主要依赖学校合作企业的大量房地产经纪门店。调研数据按房地产经纪市场类型、业务类型、业务量等市场细分变量进行统计分析。

③ 市场调研报告。根据市场调研计划和实施情况，进行数据处理与市场细分，得出调研报告，主要内容为房地产经纪市场细分，为后续门店开设提供依据。

(2) "确定区域市场"要领

① 区域市场分析。对与市场细分吻合的区域必须分析的因素包括：门店所在区域客户的消费形态、结构，同类型客户和业主的集中程度，以及房地产产品的存量、户型、周转率、价格等。以住宅市场为例，统计分析应包括销售及租赁的成交额的占比分析，成交面积的占比分析，成交单位的面积分析，成交户型分析，成交单价分析与周转率的分析，

所在地各区域市场对比分析等。从宏观市场到中观市场，直至微观市场进行深入细致的分析研究后，以确定目标市场的最佳选择区域。

② 区域竞争对手分析。首先要对对手进行详尽的调查，以拟选定的门店地点为中心，对 500m 半径距离内的同业门店的发展状况、运营状况进行调查。一般可以采取观察法、电话咨询法、假买法等。另外，对竞争对手经营效益的分析也是至关重要的工作，包括经营成本的估算，成交额估算，各竞争门店所占市场份额的比例，区域市场的潜在成交额及目前市场的饱和程度，介入后可能获取区域内的市场份额等。

经验 2-1　门店区域范围确定方法

一般是以门店设定点为圆心，以周围 1000m 距离为半径划定的范围作为该区域设定考虑的可辐射市场。半径在 500m 内的为核心区域，获取客户占总数 55%～70%；半径在 500～1000m 之间的为中间区域，可获取客户占总数 15%～25%；半径在 1000m 以外的为外围区域，可获取客户占总数 5%左右。界定区域时，总是力求较大的目标市场，以吸引更多的目标客户。所以，门店所处位置不能偏离选定区域的核心。

（3）"确定经营方向、经营定位策略、经营模式"要领

① 确定经营方向要领。门店经营方向主要有：A. 土地使用权转让居间或代理；B. 新建商品房期房（或现房）买卖居间或代理；C. 二手房的买卖（或租赁）居间或代理；D. 上述方向的两种或两种以上的组合。确定经营方向要进行门店投资预算，对选择区域经纪业务开展进行研究，包含可行性研究和估算经营成本两项工作。可行性研究要计算出财务投资回报率和盈利率，进行盈亏分析，以确定是否投资、投资的方式、投资的数额及规模等。经营成本的估算，包括门店开设的一次性费用（如门店租金、装修、办公设施等）和日常运营费用（如员工工资、广告费、水电费等）两个部分。

② 确定经营定位策略要领。要从经营定位的 3 种策略中选择一种适合本机构的经营定位策略。A. 市场优势策略，适合具有一定品牌影响力、一定市场份额且资金实力雄厚的经纪机构，其目的是扩张规模扩大市场占有率；B. 市场追随策略，创业初期的经纪机构常常采用该种策略；C. 市场补缺策略，适合实力相对较弱的经纪机构，其目的是为了避免大的冲突，主动地去发现自己有优势的细分市场，这些市场往往是有实力的经纪机构所忽略和放弃的。

③ 确定经营模式要领。房地产经纪业务一般采取有店铺的经营方式，可根据店铺数量的多少选择单店铺经营方式、多店铺经营方式和连锁店铺经营方式。单店铺经营方式是比较适合刚注册设立的小型房地产经纪机构，刚注册设立的小型房地产经纪机构也可采用特许加盟店的经营方式。

（4）"确定门店地址"要领

门店选址的程序：①确定门店区域。要依据目标市场、服务对象选择最佳门店所在的区域。②选择最佳位置。门店区域选定后，在本区域内要找到最佳的开店位置。③市场调查。对门店区域和预选的门店位置进行仔细的调查研究，分析优劣势。④被选门店的筛选和分析。在市场调查充分完成的前提下进行门店筛选，一般同一区域备选门店至少不低于 2 个，通过权衡选择最优的门店。⑤谈判和签约。选定门店后要及时与门店业

主进行谈判，签订正规的租赁合同。⑥开业准备。要抓紧时间投资改造、装修，确定开业日期。

经验 2-2　门店选址的要点

地形选择。一般门店用地形式主要有：A. 转角地形。指十字路和分岔路的交接地，面临两条道路，所以要选择最好的一面作为门店的正门。B. 三岔路地形。三岔路正面的门店，面对几条路上的人流，店面十分显眼，所以被认为是非常理想的门店位置。C. 方位地形。通常门店正门朝南为佳。D. 街道地形。门店要设在客流集中的地段。

与道路的关联性：通常门店与道路基本同处一个水平面上是最佳的。

与客户的接近度：接近度越高越好。

租金水平：地段租金水平是否适合开店的预算。

(5)"制定门店布置方案"要领

① 招牌的设计。招牌往往就是吸引顾客的第一个诱因，是一个十分重要的宣传工具。招牌通常情况下是门店正上方的横条形招牌，在设计的时候可突出经纪机构的形象标识，业务范围及经营理念等元素，字形、图案造型要适合房地产经纪机构的经营内容和形象，必须符合易见、易读、易懂、易记的要求。

② 门脸与橱窗的设计。门脸的设计一般采用半封闭方法，门店入口适中、玻璃明亮，客户能一眼看清店内情形，然后被引入店内；橱窗的设计是门店装饰的重要环节，是向客户展示物业资讯、塑造公司形象的视窗，所以在设计时一定要便于客户观看。

③ 门店的内部设计。设计风格要与外观风格保持一致，包括建筑墙面的装饰和内部布局的设计。内部布局的设计要给客户和业主一种宾至如归的享受。要有功能区分，设置接待区、会谈区、签约区、工作区及洗手间等功能区域，满足经营需要，增强客户和业主的舒适感及安全感。

经验 2-3　中广置业公司的门店招牌与门脸

中广置业的门店招牌与门脸见图 2-2。中广置业梅花山庄店（分行）招牌主要包含了中广置业的 LOGO，企业的标准色红色和蓝色，经营电话，房源推荐信息等，整体看来喜庆、热情，很受客户欢迎。

(6)"制定门店推广策略"要领

可以从准确的广告推广、从业人员业务水平、销售跟进或其他宣传形式的各种市场沟通方式开展门店推广。门店推广策略中，要特别注重广告宣传，有两种途径：①店面广告。简称 POP，是指设在门店周围、入口及内部的广告。门店招牌、门店装潢、橱窗设计、门店装饰等都属于店面广告的具体形式。因设置空间的不同又分为室内店面广告和室外店面广告。店面广告的形式大致有：立地式、悬挂式、壁面式、吊旗式、橱窗式、贴纸式、彩色灯箱广告及文字广告等。不管哪种形式，在主题上要突出的是经纪机构的企业形象，清晰地标示出服务电话、服务内容、楼盘展示牌和房源资讯广告，这样更便于吸引客户。②媒体广告。通常是网络、报纸以及房地产相关杂志等。

图 2-2　中广置业门店招牌与门脸

（7）房地产经纪门店计算机模拟开设

房地产经纪综合实训计算机模拟开店时，只要选择一个门店即可，见图 1-6。

5. 作业任务及作业规范

（1）作业任务

实训 1 的作业任务是"房地产经纪门店开设"，具体内容见表 2-1。

房地产经纪门店开设作业安排　　　　　　表 2-1

日期	地点	组织形式	学生工作任务	学生作业文件	教师指导要求
		①集中布置任务； ②集中现场考察； ③小组上网； ④小组讨论	①经纪业务实训任务研讨，填写实训工作计划表（表1-1）； ②开展房地产经纪市场调研； ③选择确定区域市场； ④选择确定经营方向、经营定位和经营模式； ⑤选择确定门店地址； ⑥制定门店布置方案； ⑦制定门店推广策略	房地产经纪门店开设方案	①全班学生分组； ②宣布纪律和注意事项； ③布置实训总任务和实训1任务； ④组织讨论； ⑤指导业务过程； ⑥考核作业成绩

（2）作业规范

实训 1 的作业规范，见综合实训项目学习活动 1：房地产经纪门店开设操作记录"题目 1～题目 5"。

综合实训项目学习活动任务单 001：

房地产经纪门店开设
操作记录表（表2-2～表2-6）

题目1　当地城市房地产经纪市场调研与市场细分　　　　　　　　　表 2-2

操作内容	规范要求
1. 当地城市房地产经纪市场调研	（1）调研目的；（2）调研的方式：全面调研、重点调研、抽样调研，具体方法有访问法、观察法、实验法，现场调查和网上调查相结合；（3）根据调研需要设计相应的调研表格；（4）房地产经纪环境调研：房地产市场供求调研、房地产经纪市场类型、业务类型、业务量及变化趋势等；（5）调研时间1天左右，不超过1000个字

续表

操作内容	规范要求
1. 当地城市房地产经纪市场调研	

续表

操作内容	规范要求
2. 市场细分	（1）市场细分的依据及内容：①经纪业务市场可以分为住宅市场、写字楼市场、商铺市场等；②按房地产转让经纪业务细分为土地使用权转让居间或代理、期房买卖居间或代理、现房买卖居间或代理、二手房的买卖居间或代理；③按房地产租赁经纪业务细分为土地使用权租赁居间或代理、新建商品房的期权预租居间或代理、新建商品房现房出租居间或代理、存量房屋的出租和转租居间或代理；（2）估算每一个细分市场的交易容量；（3）不超过1000个字

注：可续页。

续表

操作内容	规范要求
2. 市场细分	

题目2 确定房地产经纪门店区域市场　　　　　　　　表 2-3

操作内容	规范要求
1. 区域市场分析	（1）根据市场细分结果选择目标市场，选择细分市场交易容量大的目标市场区域开店；（2）描述目标客户特征：分析门店所在区域客户的消费形态、结构，同类型客户和业主的集中程度；（3）分析门店所在区域房地产产品的存量、户型、周转率、价格等。以住宅市场为例，统计分析应包括销售及租赁的成交额的占比分析，成交面积的占比分析，成交单位的面积分析、成交户型分析，成交单价分析与周转率的分析，所在地各区域市场对比分析等；（4）不超过1000个字

续表

操作内容	规范要求
1. 区域市场分析	

续表

操作内容	规范要求
2. 区域竞争对手分析	（1）以拟选定的门店地点为中心，对500m半径距离内的同业门店的发展状况、运营状况进行调查；（2）分析竞争对手经营成本、成交额；（3）各竞争门店所占市场份额的比例；（4）区域市场的潜在成交额及目前市场的饱和程度；（5）介入后可能获取区域内的市场份额；（6）不超过1000个字

续表

操作内容	规范要求
2. 区域竞争对手分析	

续表

操作内容	规范要求
	确定门店在区域中的大致位置,界定业务辐射范围
3. 确定门店区域名称与范围	

注:可续页。

题目3　确定经营方向、经营定位和经营模式　　　　　表2-4

操作内容	规范要求
1. 确定经营方向	选择门店经营方向：土地使用权转让居间或代理；新建商品房期房（或现房）买卖居间或代理；二手房的买卖（或租赁）居间或代理；上述两种或两种以上的组合
2. 门店投资与成本预算	（1）盈亏分析，计算投资回报率，确定是否投资、投资的方式、投资的数额及规模；（2）经营成本估算：门店开设的一次性费用（如门店租金、装修、办公设施等）和日常运营费用（如员工工资、广告费、水电费等）两个部分

续表

操作内容	规范要求
3. 确定经营定位	确定经营定位：市场领先者、市场追随者、市场补缺者
4. 确定经营模式	（1）有店铺经营方式：单店铺经营方式、多店铺经营方式和连锁店铺经营方式；（2）无店铺经营方式（网店）

注：可续页。

题目4 确定门店地址、制定门店布置方案与门店推广策略   表 2-5

操作内容	规范要求
1. 确定门店地址在当地城市的名称	(1) 根据已经确定的门店在区域中的大致位置和界定的业务辐射范围，选择2~3个门店地址；(2) 分析优劣势，选择最佳的门店地址，绘制地理位置图；(3) 与门店业主谈判和签约；(4) 开业准备：投资改造、装修，确定开业日期

续表

操作内容	规范要求
2. 该门店的布置方案	(1) 招牌的设计；(2) 门脸与橱窗的设计；(3) 门店的内部功能分区，绘制门店的平面布置图

续表

操作内容	规范要求
3. 门店推广策略	（1）店面广告 POP 设计：室内店面广告种类；室外店面广告种类；（2）每种广告的式样或图片；（3）媒体广告设计：列出拟投放的广告媒体：网络、报纸以及房地产相关杂志

注：可续页。

题目5　计算机实训软件录入房地产经纪门店开设方案　　　　表2-6

操作内容	规范要求
软件录入项目营销计划与组织方案	把策划好的房地产经纪门店开设方案（浓缩在1000字内）录入到计算机实训软件中

6. 实训考核

主要是形成性考核。由实训指导教师对每一位学生这一阶段的实训情况进行过程考核，根据学生上交的作业文件"综合实训项目学习活动任务单001：房地产经纪门店开设操作记录表（表2-2~表2-6）"5个题目的完成质量，参照学生参与工作的热情、工作的态度、与人沟通、独立思考、讨论时的表现、综合分析问题和解决问题的能力、出勤率等方面情况综合评价学生这一阶段的学习成绩，把考核成绩填写在表2-40中。

实训2　房源开拓、房屋供给信息录入与发布

1. 实训技能要求
(1) 能够遵循房地产经纪类职业标准相关内容；
(2) 能够在房地产经纪业务中体现工匠精神；
(3) 能够进行房源开拓、做好房屋出售（出租）客户接待；
(4) 能够签订房屋出售（出租）委托书；
(5) 能够进行房屋调查（物业勘察）；
(6) 能够进行出售（出租）房源信息录入；
(7) 能够制定房源信息发布（广告宣传）方案。

2. 实训步骤
(1) 房源开拓与房屋出售（出租）客户接待；
(2) 签订房屋出售（出租）委托书；
(3) 房屋调查，即物业勘察；
(4) 出售（出租）房源信息录入；
(5) 房源信息发布，即广告宣传。

3. 实训知识链接与相关案例
(1) 房源
房源是指房屋租赁或者销售的资源，通常被认为是房地产经纪公司拥有的业主（委托人）委托出售或出租的房屋，房源信息是做好房地产经纪业务的关键资源。
①房源类型分为：住宅；商铺；写字楼；仓库；车房和厂房等。
②经纪公司所掌握的房源具有：A. 公共性。公共性对经纪人来说房源不是其拥有的商品，而只是其可利用的信息。在很多城市，房主为了尽快把房子卖出去，一般都是多家

委托,这个房源很多公司都有,我们这时获得的是信息而不是商品。B. 变动性。房源的变动性包括两个方面:价格因素的变动和使用状态的变动。价格的变动是经常发生的,使用状态的变动较少发生。这样就要求经纪人及时回访客户,及时更新房源价格的变动、使用状态的变动。C. 可代替性。虽然没有两个完全一样的房子,但客户可以选择在同类地段找相似的房源,即代替性房源。D. 时效性。一套房源如果在短期内不能成交,就有可能在别的地方成交;有的房源委托先说好了,可是时间一长,房主又决定不卖了。所以房源时效性很强。

(2) 普通住宅房源和非普通住宅房源的区别

非普通住宅条件:住宅小区建筑容积率在 1.0 以下(不含 1.0);单套建筑面积在 140m^2 以上(含 140m^2);实际成交价格高于该区市场指导价 1.2 倍以上(不含 1.2 倍)。普通住宅和非普通住宅的区别以上三点只要符合一个,即为非普通住宅。反之则为普通住宅。

(3) 出售(出租)房源开拓

即多渠道寻找可用来委托出售或出租交易的房源。房源是根本,房源是业绩,控制房源,等于控制了市场。房屋虽然不是经纪公司拥有的商品,但房屋是经纪公司可利用的业务信息,所以,房地产经纪人需要不断拓展可供出售或出租的房屋信息来源,以积累房源。因此,很多房地产经纪公司要求经纪人:每天每人不低于 1 条房源录入、配图、验证,不得重盘,录入前须核对。拓展搜集房源的基本方式:网络、个人拓展、社区征盘、扫盘。

(4) 出售(出租)业主客户接待

对待出售(出租)业主客户,房地产经纪人要礼貌接待,收集房源资料。当收到业主的电话、传真或当面委托售卖或出租其物业时,经纪人员应尽力向业主收集物业资料,包括:物业名称、地址;业主姓名;建筑特点;法定用途;使用现状、使用年期;间隔布局;物业管理费;有无损毁;附送设备等。

案例 2-2 中广置业的接待礼仪

容貌:头发——保持清洁,自然发色,发型不夸张、不披散、不遮面,发饰大方、深色、尺寸适中;面容——不浓妆艳抹,口红宜自然色,牙齿清洁,表情亲切;饰物——耳钉尺寸适中;双手——清洁,指甲干净,长度小于 2mm,不可涂抹带色指甲油;气味——个人卫生,口腔清新,香水忌过浓。

仪表:上装(短袖衫、长袖衫、红西装)——长度、宽度合体,平整,不开线、不缺扣,褪色、染色应及时更换,保持清洁,兜内忌放过多物品,保持袖线,下摆放入长裤中;下装(黑色长裤)——平整,不开线、不缺扣,长度、宽度合体,褪色、染色应及时更换,保持清洁,裤兜中忌放过多物品,保持裤线,裤腿底边垂至鞋面。

男士着装要求:春秋季——红西服、白衬衫、制式领带、黑裤子、黑皮鞋;夏季——红色体恤、黑色长裤、黑皮鞋;冬季——红西服、鸡心领黑毛衣、白衬衫、制式领带、黑裤子、黑皮鞋。

女士着装要求:春秋季——红西服、白衬衫、黑裤子、黑皮鞋;夏季——红色 T 恤、黑色长裤、黑皮鞋;冬季——红西服、高领黑毛衣、黑裤子、黑皮鞋。

铭牌：保持表面清洁，无灰尘，无污渍；经纪人明示牌正面对外。

皮鞋：黑色皮鞋；保持鞋面清洁，光亮；女士鞋跟高度不超过5cm；保持完好，无破损变形。

仪态：坐姿：上身保持挺直，头部端正；目光平视前方或交谈对象。

站姿：抬头挺胸，脊背挺直；目光温和，不抬下颌；双手重叠，右手在下；膝盖伸直；45°钉子步。

行姿：上身挺直，头正目平；收腹立腰，摆臂自然；步态优美，步伐稳健；动作协调，走成直线。

(5) 签订房屋出售（出租）委托书

经纪人接受放盘委托时，应与业主签署书面委任协议，并明确经纪服务条件及佣金标准。委托关系确立可避免一些纠纷，具有推广资格。

案例2-3 DDD经纪公司出售房委托书（简易版）

委托方（甲方）：李××

受托方（乙方）：DDD经纪公司

甲方现委托乙方出售自己的房屋，经过友好协商达成如下协议：

一、甲方授权乙方独家出售的房屋，位于（下关）区、面积（81.2m²）、产权人（李××）、共有权人（黄××）【以上信息来自房产证】。

二、委托时间：自签订本委托书之日起一个月内。

三、委托售价：从（19000）元/m²到（21000）元/m²之间。

四、交易佣金：乙方售出房屋后，甲方按成交总价的（1.2%）提取佣金给支付乙方。

五、未尽事宜应该协商解决，协商不成到房屋所在地人民法院解决。

六、本委托书一式两份，甲乙双方各执一份。具有相同法律效力。

甲方签名：　　　　　　　乙方经纪人签名（盖章）：

时间：　　　　　　　　　时间：

(6) 房屋调查（物业勘察）

根据委托人的陈述和提供的资料，需要到现场进行房屋调查，即物业勘察。房屋调查的内容：

① 房屋的权属。权属来源，如继承、购买、受赠、交换、自建、翻建、征用、收购、调拨等，房屋权属界线示意图，房屋权属登记情况。

② 位置。包括房屋的座落、所在层次。

③ 数量。包括建筑占地面积、建筑面积、使用面积、共有面积、产权面积、总建筑面积、套内建筑面积等。

④ 质量。包括层数、建筑结构、建成年份。

⑤ 利用现状。指房屋现在的使用状况。

案例 2-4 中广置业经纪人跑盘内容

中广置业公司要求经纪人在跑盘时，尽量要详细，并认真填写跑盘记录表（表 2-7）。

中广置业经纪人跑盘记录表　　　　　　　　　　表 2-7

楼盘情况	楼盘名称		建造年代	
	地理位置		楼盘栋数	
	楼盘主要户型		楼盘内设施	
	物业公司		物业费用	
周边配套	周边交通		周边学校	
	周边超市		周边菜场	
	周边医院		周边银行	
	周边警局			
市场预估	了解出售均价		了解出租行情	
	升值潜力如何			
小区优势	有无楼王		是否学区	
	小区特色			
中广置业	中广门店			
	门店特点			

（7）出售（出租）房源信息录入

① 房源信息的要素：基本要素——业主资料、物业状况、放盘要求等。房源信息的基本要素中，除房产的位置、产权证书、面积、用途、性质及装修等房屋状况外，还包括业主（或委托人）的姓名和电话以及通信地址等、是否有他项权利的设定和物业管理等情况、业主（或委托人）提出的租、售价格及支付办法等。常用查询要素——物业名称、物业地址（或物业所处行政区域）、面积、户型、出售或出租价格等。

② 房源信息共享形式。房源信息的共享方式有：A. 私盘制。房源信息由被委托的房地产经纪机构独家拥有称为私盘制。当房源信息由接受业主（委托人）委托的房地产经纪机构录入后，其他房地产经纪机构只能看到房源的基本情况，业主的联络方式只有该接受委托的房地产经纪机构拥有。其他房地产经纪机构要联系该物业的业主（委托人），只有通过该房地产经纪机构。当其他房地产经纪人促成交易后，该房地产经纪机构可分得部分佣金。B. 公盘制。是指将所有房源信息完全共享。目前，我国大部分房地产经纪公司采用的是公盘制。公盘制使每个房地产经纪人的"生意面"达到最广，工作效率也较高，一般情况下，一宗交易只需要一个房地产经纪人跟进。但不利于激发房地产经纪人搜集房源信息的积极性，部分房地产经纪人为了个人的利益，会出现"留盘"行为，而且房源信息较容易外泄。C. 分区公盘制。是在同一区域工作的房地产经纪人可共享该区域的所有房源信息，如果需要跨区去开展业务，则要与其他区域的房地产经纪人合作，从而拆分佣金，在一定程度上，综合了公盘制与私盘制的优点，既保证

了房地产经纪人搜集房源信息的积极性,又使每位房地产经纪人的"生意面"都比较广,工作效率也较高。目前我国大部分房地产经纪公司对房源信息短时间采用私盘制,过了一段时间后完全共享。

③房源的分类。为提高集中查询房源的工作效率,经纪人通常把房源分成套盘、笋盘、新盘、散盘等类型,录入电脑,便于查询。A. 套盘。经纪人把一些基本情况相似或接近的房源信息归集为一类,以便于管理和替代,这种方法称为套盘。同一项目的房源,往往存在基本统一的信息,如地址、物业管理费、交通条件、新旧程度等,而像朝向、户型、面积等房屋状况也较为接近,他们之间的替代性强,常常可用甲单元替代乙单元。因此,将这类房源归为一类,形成套盘,可便于信息的管理。在很多情况下,房地产经纪人只需要维护其中一套单元的资料,就可以掌握整个项目的基本情况。B. 笋盘。来自广东方言,"笋"是超值的意思,笋盘即是指符合或低于市场价、极易成交的房源。在某些情况下,房地产经纪人开展居间业务的注意力集中在"笋盘"当中,可提高工作效率。C. 新盘。将在最近一段时间内刚刚搜集到的房源信息,录入"新盘库"。有时候房地产经纪人已将公司所拥有的所有合适的房源向某位客户进行了推介,但该客户一直不太满意。因此,从这时起该房地产经纪人就只需要留意公司的"新盘库",如果其中出现了合适的房源,再向该客户进行推荐,否则就无须浪费资源和精力。D. 散盘。是相对于上面三种类型的房源而言的,是指在上面三种以外的一些房源,没有固定的特点,只是房源信息库的一个组成部分。

案例 2-5　黄女士卖房的接待过程与信息录入

黄女士在南京某小区有闲置二居室住宅一套,高档新装修,家具设施配套齐全,黄女士计划以 150 万元出售该物业,黄女士走进中广置业羊山路门店,挂牌出售。

房地产经纪人小李做接待准备。

当客户到达门店,房地产经纪人小李主动开门迎接客户。

黄女士自我介绍。

房地产经纪人小李问明黄女士来意。

签订委托协议,中广置业《出售房屋委托协议》。

即时勘察。委托协议书的签订,意味着委托成立,此时为了确保信息真实性,有利于房源推荐,小李向房主黄女士提出即时勘察物业的要求,并向黄女士说明提前勘察物业有利于房地产经纪人熟悉房源信息,有效配对,促成早日成交;征得黄女士的认可后,小李对南京××路××号1幢1单元101室黄女士的两居室住宅进行了即时现场勘察。核实了该物业地址、装修情况、户型结构等基本情况,征得房主黄女士的允许后,审核产权归属、用智能手机拍摄物业内、外图片。

绘制示意图。小李绘制了该物业的户型图,在户型图上标明了墙体、门、窗的位置,标注朝向、物业名称。同时,小李还调查了该物业所在小区的小区情况,并绘制小区物业调查图,在图中注明小区名称、位置、通道、花园、楼幢等。

送客出门,信息录入。黄女士离开时,小李主动起立并且送至店门外。客户离开以后及时根据公司 ERP 系统要求,将黄女士房源信息录入 ERP,将拍摄的物业图片、物业户型图和即时勘察后的物业评价一同录入 ERP 中。

(8) 房源信息的更新

针对房源变动性大的特征，房源信息需要不断更新，以保证信息的有效性。房地产经纪人一般来说要注意以下几点：①对委托人进行周期性访问，与房地产委托人进行密切沟通；②对每次访问都要做好记录，随时调换价格，添加新的要求，以反映委托人的心态变化；③注意房源信息的循环利用，并及时更换房源信息，以提高工作效率。

(9) 房源信息发布（广告宣传）策略

根据接盘情况，发布房源信息，寻找购房或租房客户。主要方法有：①报纸广告；②路牌广告；③派发宣传单张；④门店广告；⑤互联网广告；⑥电话访问，直接接触寻找。房地产经纪公司常用的且较理想的、成本也较低的广告是门店广告和网络广告，被许多经纪公司所采用。

4. 实训要领与相关经验

房源开拓、房屋供给信息录入与发布实训用时 3~8 天，开拓的房源 3~10 套。教师要指导学生填写实训进度计划表 1-1、考勤表 1-4 以及作业文件"综合实训项目学习活动任务单 002：房源开拓、房屋供给信息录入与发布操作记录表（表 2-8~表 2-12）"。

(1) 房源开拓要领

① 保持及时性。获知房源资料后，必须及时对其进行核实、了解，力争在最短的时间内使之成为有效房源，并根据其变动情况及时更新信息，保证其有效性。

② 保持持续性。房源是有时效的，房源会随着成交暂时退出市场，只有持之以恒地"持续性"开发，才能保证充足的房源可以利用。比如，获得五套房源，成交了两套，后面必须持续开发，否则就没有补充房源了。房地产经纪公司对房源的开拓必须遵循持续性的原则，持之以恒地进行，以保证有充足的房源可以利用。

③ 保持集中性。针对门店所在区域、某一楼盘、某一类型的房源收集，保证相对集中，从而使该类需求的客户有更多的选择，比较容易促成交易。保持房源的集中性，先开发自己的核心商圈，等有精力后再去开发其他商圈，不要舍近求远。如果房子不集中的话，广告登出去，客户打电话，如果某个条件不符合他们的要求，广告就无效了。如果在小区有十套房子，某一套不合适，还可以推荐其他的，有量才会有更多选择。

④ 时刻牢记控制资源。争取每套房源都要做到独家代理，将独家代理列入工作流程，才能控制资源，占据更大的市场份额。

经验 2-4 房源开拓常用的渠道

小业主房源开拓的渠道。主要有：①报纸广告；②路牌广告；③派发宣传单张；④电话访问；⑤互联网广告；⑥直接接触寻找。房地产经纪公司常用的且较理想的、成本也较低的房源开拓渠道是派发宣传单张，被许多经纪公司所采用。

大业主房源开拓的渠道。主要有：①房地产开发商；②地方相关行业；③大型企事业单位；④资产处理公司，有遭到法院查封而被拍卖的房子，其拍价一般低于市场价 10%~20%，也有典当房，被典当或抵押到期没有赎回而被拍卖的房子，拍价一般也低于市场价；⑤银行。

(2) 房屋出售（出租）客户接待要领

① 卫生要求：玻璃橱窗明亮，地面干净，卫生间清洁。
② 服装是否符合要求：整理着装，梳理形象。制式西服或T恤，黑色裤子，黑色鞋子。推销产品前，首先推销的是自己。良好的个人形象有助于产出更高的业绩。
③ 礼貌要求：注重接待礼仪。
④ 沟通要求：通过交流，收集房源信息资料。

经验2-5 中广置业的店面接待过程

① 欢迎顾客

当顾客来到门店房屋信息橱窗前，关注时间超过两分钟，并有进一步了解信息的意向时，应及时打开大门，主动欢迎顾客进店。

当顾客光临店面时，主动打招呼。"您好，欢迎光临！"

征询顾客同意，为顾客倒水。水倒至距杯口1～2cm。"请用茶，暖和暖和"（冬）或"请用茶，降降温"（夏）。春秋两季，视天气而定。

② 与顾客沟通

引发沟通，确定顾客意向，并积极聆听。"您有什么需要我帮忙吗？"

向顾客介绍公司，主动为顾客提供宣传资料。

回答顾客的问题，并适当提出合理、专业的建议（变通）。

在与顾客沟通过程中，观察水杯，适时地为顾客添水。"请问，您需要添些水吗？"

③ 查询和登记

主动为顾客查询，以3条信息为限。

建议顾客做登记，并填写《楼盘登记表》。

依照《楼盘登记表》复核顾客登记的重要信息，保证准确性。

④ 感谢顾客，欢迎再来

顾客离开时，应离开座位送至门口，表示感谢，并欢迎顾客再次光临。

如正在打电话时，应点头、欠身、微笑示意，目送顾客出门。

⑤ 信息录入

等全部顾客离店后，及时将信息集中录入电脑。

信息在录入后，按"提交"键之前，应仔细核对，避免出现错误。

所有已登记的《楼盘登记表》，都应妥善保管，避免重复登记和泄露顾客信息。

⑥ 及时清洁

在顾客离店后，及时清洁；

更换客人用过的一次性水杯；

整理展示架；

清洁设备；

清理桌面；

清洁地面以良好的环境迎接下一位顾客的光临。

(3) 签订房屋出售（出租）委托书要领

① 对出售（出租）人而言，其出售（出租）的房屋必须是其所有的房地产，一般以

房地产管理部门颁发的房地产权证为凭，已抵押的房屋出售（出租），应得到抵押权人的同意，共有房屋出售（出租）则应得到共有人的同意。出售已经在租的房屋，则必须先征求租房者的购房意见。②出售（出租）委托书要双方协商认可，也可用合同范本。

经验2-6 房地产经纪买卖、租赁委托合同范本

委托人（甲方）：＿＿＿＿＿＿＿＿＿＿＿＿

经纪人（丙方）：＿＿＿＿＿＿＿＿＿＿＿＿

根据《中华人民共和国合同法》和《中华人民共和国城市房地产管理法》及相关法律法规规定，经甲、丙双方协商一致，就房地产交易经纪事宜订立本合同，以资共同遵守。

第一条 甲方委托丙方为坐落在：＿＿＿＿＿市＿＿＿＿＿区＿＿＿＿＿号＿＿＿＿＿幢＿＿＿＿＿室＿＿＿＿＿的［房地产转让］［房屋租赁］提供以下服务：

（一）提供信息发布；

（二）充当订约介绍人；

（三）协助、指导订立［房地产转让］［房屋租赁］合同；

（四）协助办理房地产交易手续；

（五）协助办理其他手续：户口转移，水表过户，电表过户，煤气过户＿＿＿＿＿＿＿＿＿＿＿＿＿＿；

第二条 委托期限从＿＿＿＿＿年＿＿＿＿＿月＿＿＿＿＿日至＿＿＿＿＿年＿＿＿＿＿月＿＿＿＿＿日止。

第三条 甲方委托的详细情况：

（一）产权人姓名：＿＿＿＿＿＿，建筑面积：＿＿＿＿＿＿ m²，建成年份：＿＿＿＿＿＿年，层次：＿＿＿＿＿＿层，房屋结构：＿＿＿＿＿＿，房屋权属证号：＿＿＿＿＿＿，土地所有权为：［国有］［集体所有］；

（二）室内装修情况：＿＿＿＿＿＿＿＿＿＿

（三）室内家具物品情况：＿＿＿＿＿＿＿＿＿＿

（四）水、电、煤气、供热、有线电视、固定电话等情况：＿＿＿＿＿＿＿＿＿＿

（五）拟［房地产转让］［房屋租赁］的价格：＿＿＿＿＿＿元/m²。

（六）经交易双方确认［房地产转让］［房屋租赁］的价格［＿＿＿＿＿＿元］［＿＿＿＿＿＿元/年］。

第四条 甲、丙双方的权利义务

（一）甲方提供［房地产转让］［房屋租赁］的信息应真实、合法、准确。

（二）甲方应于本合同签订后＿＿＿＿＿＿日内向丙方提交下列资料的复印件：

1. 产权人身份证；

2. 房屋权属证书；

3. 土地使用权证。

（三）甲方应配合丙方到相关部门查验有关资料和到现场勘察房地产现状，并告知房屋有无漏水、管道不通等瑕疵和房地产是否已经抵押、房屋是否已经租赁等情况。

（四）甲方应配合丙方签订合同及到相关管理部门办理相关手续。

（五）丙方（房地产经纪人）在从事房地产经纪活动时，应出示房地产经纪人《执业

证书》和《企业法人营业执照》。

（六）丙方对甲方提交的文件资料应出具收件清单。不得泄露委托人的商业秘密。

（七）丙方应对甲方提供的信息到现场勘察和相关部门进行查验。

（八）丙方应按照甲方的委托，发布房地产信息。

（九）丙方应配合甲方签订合同。

（十）丙方应配合甲方到相关部门办理相关手续。

（十一）丙方在完成甲方委托事项后，按照物价部门核定的收费标准向甲方收取中介服务手续费_____元。不再收取其他费用。

第五条　甲、丙双方的违约责任

（一）本合同第四条（一）至（四）项，甲方应按约定做到，特殊情况应在_____日内告知丙方，取得丙方书面同意，否则导致房地产无法正常交易，甲方应向丙方支付违约金_____元。

（二）本合同第四条（五）至（十）项，丙方应按约定做到，特殊情况应在_____日内告知甲方，并取得甲方书面同意，否则导致房地产无法正常交易，丙方应向甲方支付违约金_____元。

单方解除本合同，由违约方支付违约金_____元。

第六条　合同纠纷的解决方式

本合同在履行过程中发生的争议，由双方当事人协商解决；也可由房地产管理部门或工商行政管理部门调解。协商不成或调解不成的，按下列方式解决：

1. 依法向本市仲裁委员会申请仲裁；
2. 依法向人民法院起诉。

第七条　本合同未尽事宜可另行约定。

第八条　本合同一式两份，甲、丙双方各执一份。

第九条　本合同自甲、丙双方签订之日起生效。

委托方（甲方）签章：_____　　经纪人（丙方）签章：_____
证件名称：_____　　　　　　　经纪人签字：_____
证件号码：_____　　　　　　　执业证号码：_____
联系电话：_____　　　　　　　联系电话：_____
代理人签字：_____
证件名称：_____
证件号码：_____
联系电话：_____
共有人签字：_____
签订时间：_____年____月____日

经验2-7　接盘要点

礼貌接待，收集物业资料。收到业主的电话、传真或当面委托售卖或出租其物业，经纪人员应根据拟定好的物业资料表格，尽力向业主收集物业资料，包括如下事项：物业名称、地址；业主姓名；建筑特点；法定用途；使用现状、使用年期；间隔布局；管理费；

有无损毁；附送设备。上述资料可通过向业主问询了解或直接索取房地产证等权利文件，并及时填妥资料表格让业主签名确认。

明确委托关系。经纪人接受放盘委托时，应与业主签署书面委任协议或以物业资料表格向业主索取其委托的书面确认，并明确经纪服务条件及佣金标准。委托关系确立可避免以后纠纷，获得房屋推广资格。

提供个案资料。当业主向经纪人征询售价或租金建议时，经纪人应提供近期可比案例或其他放盘资料供顾客参考。但不可声称自己是专业估价师，应尊重顾客自行决定物业叫价或征询专业估价师意见。

(4) 房屋调查（物业勘察）要领

①勘查方式。最常用的方法是物业现场勘察，也可电话勘察（问询）。②勘查内容。主要有3方面：一是信息核实，核实信息系统中登入的信息的真实性；二是权属审核，审查物业权属状况，是否合适出售（出租）；三是检查房屋结构和设备、上下水系统和供电系统是否正常，物业环境是否清洁等。

经验2-8 如何搞清楚房屋产权？

有房屋未必就有产权。单位自建的房屋、农村宅基地上建造的房屋、社区或项目配套用房、未经规划或报建批准的房屋等，都有可能不是完全产权，容易导致成交困难。

有房地产证未必就有产权。房地产证遗失补办后发生过转让的情形，原房地产证显然没有产权。有房地产证而遭遇查封甚至强制拍卖的情形，原房地产证也就没有产权了。当然还有伪造房地产证的情形。

产权是否登记。预售商品房未登记、抵押商品房未登记是比较常见的情形，仅凭购买合同或抵押合同是不能完全界定产权归属的。

产权是否完整。已抵押的房屋未解除抵押前，业主不得擅自处置。公房上市也需要补交地价或其他款项，符合已购公有住房上市出售条件，才能出售。

产权有无纠纷。在拍卖市场的房屋可能存在纠纷，这是因为债务人有逃避债务导致的。涉及婚姻或财产继承的情况也会让产权转移变得复杂。租赁业务中比较多的情形是依法确定为拆迁范围内的房屋被产权人出租。

这些问题必须搞清楚，产权不清晰的，根本无法成交。

(5) 出售（出租）房源信息录入要领

录入房源信息要素内容包括：房源编号、所在城区、片区、栋号、房号、楼层、房型、朝向、面积、装修、房龄、总价、单价、配套、委托方式等（图2-3）。

(6) 房源信息发布（广告宣传）要领

房源信息发布（广告宣传）渠道主要有：报纸广告、路牌广告、派发宣传单张、门店张贴广告、互联网广告、电话访问直接接触寻找。目前房地产经纪公司常用的是门店广告和网络广告，要做好房源广告发布设计。据统计，房地产经纪业务70%的成交来源于网络。网络广告，就是经纪人的招牌。用心经营自己的网络，争取最大的网络分流量，才能得到最多的客户，这样才会有更多的客户看房，业绩自然也将会节节攀升。对网络发布来

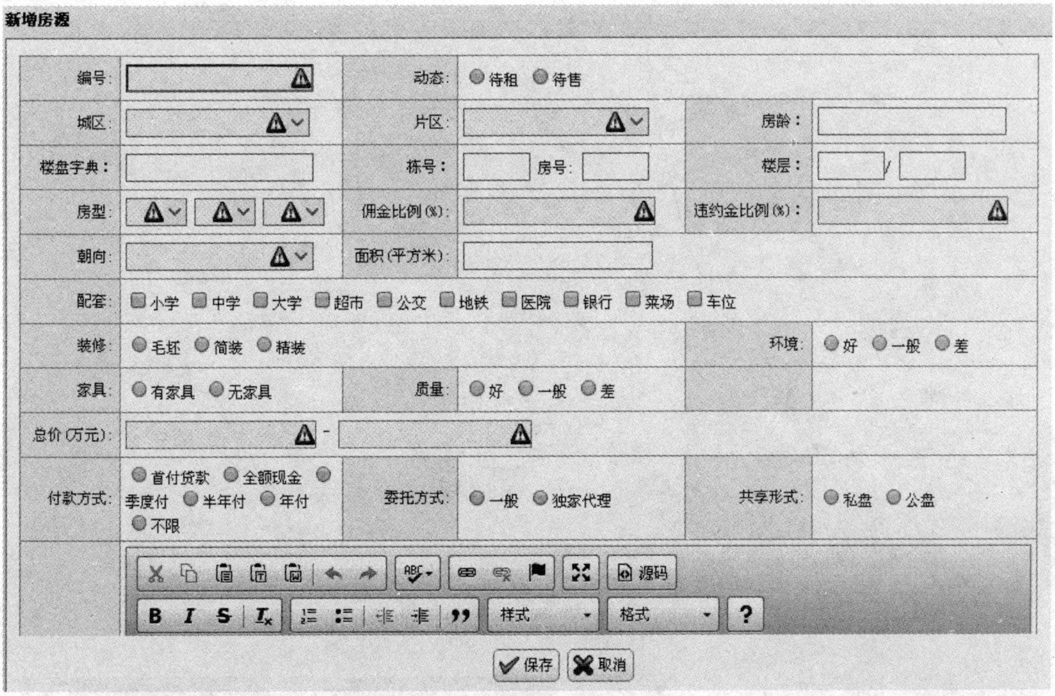

图 2-3 出售（出租）房源信息录入

说，每天添加、新增不低于 30%，参照对比其他中介发布的房源，进行修改优化。

经验 2-9 中广置业经纪人在搜房网上发布房源

中广置业公司经纪人贾××是南京工业职业技术学院第一届店长班的学生，2011 年进入中广工作，目前是中广置业公司资深经纪人。

房源发布标题：中海塞纳丽舍西苑-豪装-满五年-唯一新城学区地铁房-总价 262 万

楼盘名称：中海塞纳丽舍

楼盘地址：河西新城区嵩山路 126 号，地理位置见图 2-4。

房源户型：2 室 2 厅 1 厨 1 卫，见图 2-5。

建筑面积：93m^2

使用面积：72m^2

房源年代：2007 年

房源朝向：南北

房源楼层：第 5 层（共 18 层）

房源结构：平层

房源装修：精装修，见图 2-5。

住宅类别：普通住宅

产权性质：个人产权

配套设施：煤气/天然气，暖气，电梯，车位/车库，储藏室/地下室，花园/小院，

图 2-4 房源所在楼盘位置

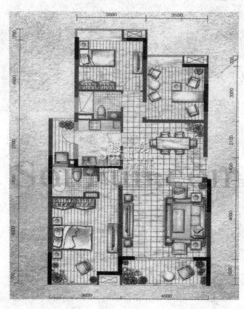

图 2-5 房源套型与内部装修现状

露台

交通状况：公交 134 路、92 路、306 路、41 路、24 路、57 路。

小区简介：中海塞纳丽舍地处河西新城区奥体中心东侧约 1km，该区域不仅生活配套设施、交通系统等硬件设施规划起点高，更拥有位居长江沿岸、紧邻滨江风光带的无可比拟的区位优势。位于河西新城区的中海塞纳丽舍，顺应新城市发展的脉络，同时利用滨江优势，在设计概念中以独特的总体布局和尊贵的生活场景表达为主要内容，确定了"法胄世家、水岸生活"的主题。中海塞纳丽舍一期规划有9栋11层小高层，另有少量花园洋房，主要是一跃二、三跃四的跃层，每栋楼均为一梯两户，户型面积为90m^2的两房，110m^2、130m^2的三房以及170m^2的四房。此外，小区配套有1500m^2的会所，4500m^2的幼儿园以及1.2万m^2的社区商业中心，近千平方米露天泳池。

所属区域：建邺奥体
开发商：中海地产
建筑类别：板塔结合小高层
容积率：1.42
绿化率：48%
物业费：1.95元/(m^2·月)
物业公司：中海物业管理（上海）有限公司
占地面积：120000m^2
建筑面积：170000m^2
总户数：1300户
当期户数：1300户
停车位：345个。

5. 作业任务及作业规范

（1）作业任务

实训2的作业任务是"房源开拓、房屋供给信息录入与发布"，具体内容见表2-8。

房源开拓、房屋供给信息录入与发布作业安排　　　　　表2-8

日期	地点	组织形式	学生工作任务	学生作业文件	教师指导要求
		① 集中布置任务 ② 集中现场考察 ③ 小组上网 ④ 小组讨论	研讨项目任务 ① 房源开拓与房屋出售（出租）客户接待 ② 签订房屋出售（出租）委托书 ③ 物业勘察操作训练：①信息核实；②权属审核；③检查房屋 ④ 出售（出租）房源信息计算机软件录入 ⑤ 房源信息发布（广告宣传）	房源开拓、房屋供给信息录入与发布方案	① 总结实训1 ② 布置实训2任务 ③ 组织讨论 ④ 指导业务过程 ⑤ 考核作业成绩

（2）作业规范

实训2的作业规范，见综合实训项目学习活动任务单2：房源开拓、房屋供给信息录入与发布操作记录"题目6～题目10"。

综合实训项目学习活动任务单002：

房源开拓、房屋供给信息录入与发布
操作记录表（表2-9～表2-13）

题目6　出售（出租）客户开拓与接待操作方案　　　　　　　　　　表2-9

操作内容	规 范 要 求
1. 接待准备	(1) 接待礼仪；(2) 卫生要求；(3) 道具；(4) 描述在经纪企业的做法
2. 欢迎顾客	(1) 主动打招呼，欢迎顾客进店；(2) 为顾客让座、倒水；(3) 描述在经纪企业的做法（至少1位顾客）
3. 与顾客沟通内容	(1) 确定顾客意向，并积极聆听；(2) 介绍公司提供宣传资料；(3) 回答顾客的问题并适当提出合理、专业的建议；(4) 查询和登记，填写《楼盘登记表》；(5) 描述在经纪企业的做法（至少1位顾客）

续表

操作内容	规 范 要 求
4. 送走顾客	（1）离开座位送至门口；（2）正在打电话时目送顾客出门；（3）描述在经纪企业的做法（至少1位顾客）
5. 登记整理资料	（1）及时整理房源信息：物业名称、地址；业主姓名；建筑特点；法定用途；使用现状、使用年期；间隔布局；物业管理费；有无损毁；附送设备等；（2）及时清洁；（3）描述在经纪企业的做法（至少1套房源）

注：可续页。

题目7 房屋出售（出租）委托书　　　　　　　　　　　表2-10

操作内容	规 范 要 求
设计并填写房源出售（出租）委托书	（1）接受放盘委托时与业主签署书面委任协议；（2）经纪服务条件及佣金标准；（3）描述经纪企业的房地产经纪买卖委托合同（一个）；（4）描述经纪企业的房地产经纪租赁委托合同（一个）

注：可续页。

题目 8　物业勘察操作　　　　　　　　表 2-11

操作内容	规　范　要　求
1. 勘察出售、出租房源	（1）跑盘记录表；（2）物业勘察方法：现场勘察、电话勘察；（3）勘查内容：信息核实、权属审核、检查房屋结构和设备；（4）描述在经纪企业的做法（至少1套房源）
2. 房屋的权属	（1）权属来源：继承、购买、受赠、交换、自建、翻建、征用、收购、调拨等；（2）房屋权属界线示意图；（3）审查房屋权属登记情况，是否合适出售（出租）；（4）描述在经纪企业的做法（至少1套房源）

续表

操作内容	规 范 要 求
3. 房屋位置	（1）房屋的坐落；（2）所在层次；（3）描述在经纪企业的做法（至少1套房源）
4. 房屋数据	（1）建筑占地面积、建筑面积、使用面积、共有面积、产权面积、总建筑面积、套内建筑面积；（2）描述在经纪企业的做法（至少1套房源）

续表

操作内容	规 范 要 求
5. 房屋质量	（1）层数；（2）建筑结构、上下水系统和供电系统；（3）建成年份；（4）描述在经纪企业的做法（至少1套房源）
6. 内部现状	（1）房屋现在的使用状况：装修、家具、设施、环境卫生；（2）描述在经纪企业的做法（至少1套房源）

注：可续页。

题目9 实训软件录入出售（出租）房源信息　　　　　　　表 2-12

操作内容	规 范 要 求
软件录入出售、出租房源	（1）利用软件按房源要素录入房源信息（图2-3）售、租各5套；（2）录入房源信息要素内容包括：房源编号、所在城区、片区、栋号、房号、楼层、房型、朝向、面积、装修、房龄、总价、单价、配套、委托方式等；（3）房源审核通过后，截图10套房源

续表

操作内容	规 范 要 求
软件录入出售、出租房源	

注：可续页。

题目 10　设计房源信息发布（广告宣传）方案　　　表 2-13

操作内容	规 范 要 求
1. 发布渠道选择	（1）房源信息发布（广告宣传）渠道主要有：①报纸广告；②路牌广告；③派发宣传单张；④门店广告；⑤互联网广告；⑥自媒体或电话直接接触；（2）参照在经纪企业的做法，选择出售、出租房源各 1 套发布
2. 提炼房源信息发布（广告宣传）主题	（1）提炼房源主题：学区房、景观、精装修等；（2）参照在经纪企业的做法（出售、出租房源各 1 套）

续表

操作内容	规 范 要 求
3. 房源楼盘特点	(1) 房源楼盘位置图与交通状况；(2) 小区规划特点；(3) 周边配套；(4) 参照在经纪企业的做法（出售、出租房源各1套）

续表

操作内容	规 范 要 求
4. 房源状况	(1) 房源套型简图；(2) 内部状况；(3) 参照在经纪企业的做法（出售、出租房源各1套）
5. 房源卖点	(1) 房源优势：价格、户型、景观等；(2) 机会：区划、升值等；(3) 参照在经纪企业的做法（出售、出租房源各1套）

注：可续页。

6. 实训考核

主要是形成性考核。由实训指导教师对每一位学生这一阶段的实训情况进行过程考核，根据学生上交的作业文件"综合实训项目学习活动任务单002：房源开拓、房屋供给信息录入与发布操作记录表（表2-8～表2-12）"5个题目的完成质量，参照学生参与工作的热情、工作的态度、与人沟通、独立思考、讨论时的表现、综合分析问题和解决问题的能力、出勤率等方面情况综合评价学生这一阶段的学习成绩，把考核成绩填写在表2-40中。

实训3　客源（户）开拓与购（租）房需求信息录入

1. 实训技能要求

（1）能够遵循房地产经纪类职业标准相关内容；
（2）能够在房地产经纪业务中体现工匠精神；
（3）能够进行求购（求租）客源（户）开拓；
（4）能够做好房屋求购（求租）客户接待；
（5）能够签订房屋求购（求租）委托书；
（6）能够进行求购（求租）客源信息录入。

2. 实训步骤

（1）求购（求租）客户开拓；
（2）房屋求购（求租）客户接待；
（3）签订房屋求购（求租）委托书；
（4）求购（求租）客源信息录入。

3. 实训知识链接与相关案例

（1）客源

房屋的需求方即为客源方，是对购买或租赁房屋有现实需求或潜在需求的客户，是需求者及需求意向的统一体。

① 客源构成要素。A. 需求者。包括个人或单位两个方面：个人信息有姓名、性别、年龄、职业、住址、联系方式等；单位信息有单位名称、性质、地址、法定代表人、授权委托人、联系方式等。单位购买或租赁房子的要求可能高一些，为单位服务相对个人服务要难一些。B. 需求意向，包括需求类型、房屋的位置、面积、户型、楼层、朝向、价格、产权和购买方式等信息。

② 客源的特征。A. 指向性，客户的需求意向清晰，有明确指示，例如或购或租、价格范围、区域等。当客户需求不清时，只有通过房地产经纪人的分析和引导，使其需求明确以后，才成为真正的客源。B. 时效性，和房源一样客源也是有时效性的。客户的需求有时间要求，在表达需求时，都有时间选择。以前有需求的客源，经过一段时间以后可能由于各种原因，已经没有需求了。C. 潜在性，客源只是具有成交可能的意向购房或租房的人，他们的需求只是一种意向，而不是像订单客户那样肯定。能否成为真正的买家或租家，不仅取决于房地产经纪人提供的客源服务，还取决于客户本身，这需要引导，因为他们是潜在的。

③ 客源分类。A. 按客户的需求类型，可分为：买房客户与租房客户；B. 按客户需

求的物业类型，可分为：住宅客户、商铺客户和工业厂房客户；C. 按客户的性质，可分为：机构客户和个人客户；D. 按与本房地产经纪机构打交道的情况，可分为：新客户、老客户、未来客户和关系客户，或曾经发生过交易的客户及正在进行交易的客户，即将进行交易的客户。不同类型的客户需求特点、方式、交易量都不同，因而对其服务要点也不同。

（2）求购（求租）客户开拓

即多渠道寻找可用来委托购房或租房交易的客户。没有求购（求租）客户，房源搜集得再多，也不能自动转化为房地产经纪公司的业绩，有了大量的求购（求租）客户，手中的房源才有可能变成业绩。求购（求租）客户与房源一样，是房地产经纪公司可利用的业务信息，所以，房地产经纪人需要不断地拓展对购买或租赁房屋有现实需求或潜在需求的客户的信息来源，以积累客源。搜集求购（求租）客户的基本方式：门店、人际关系、广告、活动等。

（3）房屋求购（求租）客户接待

对待求购（求租）客户，房地产经纪人要礼貌接待，收集房户需求资料。当收到求购（求租）客户的电话、传真或当面委托求购（求租）房子时，经纪人员应尽力向客户收集需求信息，包括：需求类型、房屋的位置、面积、户型、楼层、朝向、价格、产权和购买（租赁）方式等信息。房屋求购（求租）客户接待礼仪及过程与出售（出租）业主客户接待类似。

案例 2-6　中广置业接待求购客户卢先生

客户卢先生到达门店后，置业顾问小李主动开门迎接客户。

起立并且面带微笑迎接；

致欢迎辞："您好，欢迎光临中广置业！"；

客户进入店堂后，自然地将客户引导进入接待台前的客户座位；

客户入座后，同店同事配合倒水、递杯，水温适中、水位七分满左右。

置业顾问自我介绍：首先询问客户称呼，然后向其作自我介绍，主动递上名片。"卢先生您好，我是中广置业的置业顾问李××，您可以称我为小李，这是我的名片。"

问明来意：用合适的询问语言判断客户来意，"卢先生，您需要了解些什么信息吗？"

获得的客户信息后，及时在客户信息本上记录。信息要点主要有：

姓名：卢××

来意：求购

手机：13811111×××　　办公室电话：858698××

年龄：35～38 岁

职业：企业白领

区域范围：南京市××区××中学 3km 范围内

看房时间：晚 17：30—21：00 及双休日全天

（4）房屋求购（求租）委托书

经纪人接受购（租）房委托时，应与求购（求租）客户签署书面委任协议，并明确经纪服务条件及佣金标准。委托关系确立可避免以后纠纷，具有经纪服务资格。

案例2-7　DDD经纪公司购房委托书（简易版）

委托方（甲方）：李××

受托方（乙方）：DDD经纪公司

甲方现委托乙方为自己购买房屋，经过友好协商达成如下协议：

委托方式

一、委托时间：自签订本委托书之日起一个月内。

二、甲方授权乙方购买的房屋，面积从（80）到（90）平方米。

三、委托购房价：从（130）万元到（140）万元之间。

四、交易佣金：乙方促成买房后，甲方按成交价的（1.2%）提取佣金给支付乙方。

五、未尽事宜应该协商解决，协商不成到房屋所在地人民法院解决。

六、本委托书一式两份，甲乙双方各执一份。具有相同法律效力。

甲方签名：　　　　　　　　　乙方经纪人签名（盖章）：

时间：　　　　　　　　　　　时间：

（5）求购（求租）客源信息录入

① 基础资料录入：客户姓名、性别、年龄、籍贯；家庭地址、电话、传真、电子邮箱；家庭人口、子女数量、年龄、入学状况、职业、工作单位、职务；文化程度等。

② 需求状况录入：所需房屋的区域、类型、房型、面积；目标房屋的特征，如卧室、浴室、层高、景观、朝向；特别需要，如车位、通信设施、是否有装修；单价和总价、付款方式、按揭成数；配套因素的要求，如商场、会所、学校等。

（6）求购（求租）客源信息管理

① 动态有效。初步需求信息量较大、内容杂、相对模糊，而且随着时间的变化需求也在不断变化。所以，要及时地了解这些变化，保持信息及时更新。要对客户进行筛选分类：首先服务于那些需求比较迫切的客户，而且出的价格比较接近市场价格，其预算在这个市场上比较容易买到房子。有的时候，本来价格要1万多，客户只能出8千，那是不可能买到的，这种客户可能需要引导或暂时保留。

② 合理使用。对客源要恰当保存和分类，信息共享和客户跟进，并保守客户隐私秘密，不得滥用或透露给他人或商业机构。比如有些装修公司需要交换信息，这时候不要随便把客户信息交出，否则客户会很反感。

③ 重点突出。面对庞大的客户群要找到重点客户，可以把客源分类，列一张表格分为：短期客户、中期客户、长期客户。潜在的、创收潜力大的客户可作为中期重点客户，对于有长期需求的客户作为未来重点客户来培养。到时间要及时联系，写入计划表。

4. 实训要领与相关经验

客源（户）开拓与购（租）房需求信息录入实训用时2~5天，开拓的源（户）3~10个。教师要指导学生填写实训进度计划表1-1、考勤表1-4以及作业文件"综合实训项目学习活动任务单003：客源（户）开拓与购（租）房需求信息录入操作记录表（表2-15~

表 2-17)"。

(1) 求购（求租）客户开拓要领

① 发展和客户之间的关系。通过关注客户的需求而提供相应的服务达到客户满意，从而推动客户介绍他们所能提供的新客户过来，而这些客户带来的价值往往比完全从市场中寻找陌生客源大得多，也容易得多。房地产经纪人应以关注客户需求发展成为终生客户为目标。

② 养客。运用房地产经纪业务知识使潜在的客户变为真正的客户。养客是房源开拓的重要策略，是指房地产经纪人将一个陌生的客户转化为一个积极的购买者和接受房地产经纪人服务，达成交易的过程。

③ 培养敏锐的客户观察力与正确的判断力。养成随时发掘潜在客户的习惯，并且记录新增加的潜在客户。

④ 将精力集中于市场营销。从销售为主导转变为以市场营销为主导，吸引客户与留住客户并重。

⑤ 以直接沟通、回应的拓展方法吸引最有价值的客户。

经验 2-10 客源开拓常用的方法

门店揽客法。是利用房地产经纪机构的店铺或办公场所争取上门客户的一种方法。这种方法简单易行，成本低，而且上门客户通常意向较强，信息较有效。

广告揽客法。是以报纸宣传栏或广播电视宣传单张为主的广告方式吸引客户的揽客方式。这种方法时效行强、效果直接，但成本相对较高。

人际网络揽客法。是以自己认识的人及亲朋好友的信赖为基础，形成人际网络介绍客户的揽客方法。这种方法无需成本，简便易行，介绍来的客户效率高，成交可能性大。

客户介绍揽客法。是利用服务过的客户建立良好的客户关系来介绍客源的方法。利用这种方法，房地产经纪人做的时间越长，资源积累就越丰富，客源信息就源源不断。这种揽客法的前提是，提供的服务令客户满意。这种方法成本低，效果好。

讲座揽客法。是通过向社区或团体或特定人群举办讲座来发展客源的方法。通过讲座可以培养客户对房地产经纪人和房地产经纪公司服务的信赖和专业信任，同时也传播房地产信息和知识，减少未来客户在交易过程中的难度。这种方法适用于社区业务。

会员揽客法。是通过成立客户俱乐部或客户会的方式吸收会员并挖掘潜在客户的方法。适用于大型的房地产经纪公司。

团体揽客法。是以团体如公司或机构为对象开拓客源的方法。

另外，还有陌生拜访法、电话、邮件揽客法等。

针对不同的目标客户，可采用一种或多种组合的方式开拓客源，提高效率。

经验 2-11 培养长期客户的方法

使客户满意从而争取更多口头介绍来的客户，并与从前的客户保持联系。

把眼光放在长期的潜在客户身上。很多客户从咨询到真正买房，通常相隔几个月甚至几年，要把这些在买房过程中的客户看成你最好的口头宣传员，他们往往都知道一些和他们处于同样处境的人，并愿意就买房问题进行讨论或征询意见。他们的口头宣传会为房地产经纪人带来很多客源，同时，房地产经纪人也应充分利用家人和朋友做口头宣传员，他们也是长期的潜在客户。

建立广泛的社会联系和信息系统。房地产经纪人由于工作关系具有广泛的社会联系，如银行、房地产管理部门、公证部门、税务部门、律师事务所和保险公司等，充分利用这种联系发掘客户、搜集信息，以便于建立稳定的渠道，并起到宣传业务的作用。

搜寻服务供应商。房地产经纪业务相关的服务供应商包括装修、清洁、园艺绿化和燃气公司等。房地产经纪人和这些服务供应商应建立良好的关系，使之能为房地产经纪人的客户提供服务，这种服务可以提供价格优惠或质量保证以增加其吸引力。这种附加服务能够给客户带来方便又不增加成本，能与客户建立一种长期联系。

经验 2-12　建立客户长期联系的策略

建立客户长期联系的策略主要有 5 种：
① 建立客户数据资料库，是与客户长期保持联系的基础。
② 建立专门从事顾客关系管理机构，建立客户长期联系的组织保证。
③ 通过营销人员与顾客的密切交流增进友情，强化关系。
④ 定期开展活动，建立客户长期联系的载体。
⑤ 注重长期的大客户关系，建立战略联盟。

（2）求购（求租）客户接待要领
① 保证工作装穿戴整洁，无异味，头发面容干净，女士可化淡妆，良好的个人形象有助于赢得客户的信任。
② 接待台面只放置电脑显示器、电话、名片架、便签纸等，忌客户信息本胡乱放置桌面，接待台面杂乱不堪。
③ 店内环境干净、整齐。
④ 注重接待礼仪。
⑤ 注重沟通交流，收集客户需求信息资料。要注意电话接听交流。有些客户喜欢先打电话询问一下情况再来现场参观，他们对电话的接听感觉往往是决定是否来的一个主要因素。电话铃声响过要及时接听，首先要问好，报公司的名称，不妨加一句："对不起，让您久等了。"让客户感受到你的细心和周到，产生好感；可充分发挥电话的想象和知觉作用，通过声音、语调和内容让客户做出良好想象，感受到真诚；通话时间适中，不宜太久；通话完毕，应等对方挂机自己再挂机，不要仓促挂断，以免遗漏客户要补充的内容。

经验 2-13　了解求购（求租）客户的需求和动机

需求动机是指引起人们购买房地产产品的愿望和意念，是激励房地产消费者产生消费行为的内在原因。了解客户需求和动机，主要是了解目标市场不同属性房地产客户的数量、构成比例、来源（指本地、外地等）、消费能力和档次等。根据购买目的，客户需求和动机主要可分为：投资型客户，以盈利为主要目的的购房者，包括长期投资（出租）和短期投资（转让赚取差价）；自用型客户，指以居住为主要目的的购房者，包括长期居住和过渡型居住；双重型客户，指投资、自住均可选择的购房者。

只有清楚需求，才有可能为客户找到合适的房源。有明确的需求才是合适的客源。询问来意是对客户需求的第一次探询，在谈话氛围允许的情况下，获取客户基本信息及需求越多越好，忌客户反感后依然提问不断，置业顾问的态度要亲切、诚恳。

有的客户被询问价格、户型，他说都可以，需求很不明确。可能有两种情况，一种是他有需求但是表达不出来，还有一种是没这种需求。遇到这种情况经纪人就要给客户推荐房子，先推荐区段，再推荐价格，之后推荐户型，让他反应，再来判断他的需求，间接掌握其需求。

经验2-14 房地产经纪服务的5S技巧

房地产经纪业务的5S技巧是指微笑、真诚、机敏、速度和研究。由于其英文词语第一个字母都是"S"，所以称为5S技巧。

微笑（Smile）。职业的微笑是健康的、体贴的，表现出心灵上的理解和宽容，不是做作的、讨好的、游移的、虚伪的或奸诈的。

真诚（Sincerity）。真诚是做人做事之本，是事物处理和人际沟通的润滑剂。真诚的努力是一方面，让客户感受到你的真诚是另一方面。房地产经纪人要树立形象必须从真诚开始。

机敏（Smart）。敏捷、漂亮的接待方式源自充分的准备及认识。否则以小聪明、小技巧应付客户，并没有实质性解决客户问题，甚至给公司和本人带来纠纷和损失。

速度（Speed）。物理的速度，如成交快捷、行步如飞；工作的速度，如程序化安排和沟通技巧。快速接听电话、及时通知变化事项、预约及准时赴会、交款等待与交谈的配合等。

研究（Study）。房地产经纪人需要研究客户心理、接待技术、房地产知识和市场资讯。

（3）签订房屋求购（求租）委托书要领

① 与客户初步寒暄过后，双方需要确定委托关系，则需要签订委托协议书。

② 对于求购（求租）客户应该签订《求购（求租）委托协议书》，并对客户提出的关于协议条款的疑问给予满意的解释。特别要提醒客户阅读门店有明码标价的中介佣金标价表。

③ 对购房（承租）人而言，则必须提供有效的身份证件，单位则须提供工商注册登记证明。

④ 房屋求购（求租）委托书要双方协商认可，也可用合同范本。

经验2-15 房屋购买委托协议（含客户服务确认书）

（重庆房地产中介行业协会推荐的协议文本）

编号：

委托人（系购房人）：

通信地址：

身份证件号码（营业执照注册号）：

法定代表人：_____　　联系电话：_____
委托代理人：_____　　联系电话：_____
受托人（系房地产经纪机构）：
通信地址：_____
邮政编码：_____　　联系电话：_____
营业执照注册号：_____
备案证明编号：_____
法定代表人：_____　　联系电话：_____
委托代理人：_____联系电话：_____

根据《中华人民共和国合同法》、《中华人民共和国城市房地产管理法》及其他法律法规，委托人和受托人本着平等、自愿、公平、诚实信用的原则，经协商一致，达成如下协议：

第一条　委托事项

（一）委托人委托受托人购买位于重庆市_____区【县】_____的房屋，委托价格范围为_____。委托人对购买房屋的要求为：坐落地点：_____，房屋面积_____；房屋建成年代_____；质量要求_____；房屋的结构及户型_____；物业服务水平及物业费的范围_____；该房屋无债权、债务及使用权纠纷。

（二）委托人委托受托人提供下列第项服务（可多选）：

1. 提供与购买房屋相关的法律法规、政策、市场行情咨询。
2. 寻找意向购买房屋。
3. 对符合委托人需求信息且得到委托人基本认可的房屋进行产权调查和实地查验。
4. 协助并撮合委托人与出售人签订房屋买卖合同。
5. 代办税费缴纳事务。
6. 代办购房抵押贷款手续。
7. 代办房屋产权转移登记及附属设施过户手续。
8. 协助查验并接收房屋、附属设施及家具设备等。
9. 其他（请注明）。

第二条　委托期限及方式

本协议委托期限自年月日至年月日。此期间受托人为委托人的【　】独家【　】非独家委托服务提供者。

独家委托服务：委托人仅委托受托人为其本次委托购买房屋的惟一受托人。

非独家委托服务：委托人除可委托受托人为其本次委托购买该房屋的受托外，还可委托其他经纪机构或个人代为购买其他房屋。

第三条　佣金相关规定

（一）受托人自引领委托人看房开始，直至委托人与售房人签订房屋买卖合同之前，不收取委托人任何费用；

（二）委托人在同受托人提供的房屋出卖人签订房屋买卖合同时，按国家及行业相关规定及本协议约定向受托人支付相关费用，标准如下：

1. 房价款的％；

2. 其他费用。

第四条　各方责任

（一）委托人责任

1. 委托人应积极配合受托人开展正常的经纪活动。

2. 委托人向受托人提供所需购买房屋的需求信息，作为受托人提供经纪服务的依据。

3. 委托期限内或委托期满六个月内，委托人不得与受托人介绍过的房屋出卖人自行成交。

4. 委托人不得将受托人提供的信息资料转交他人。

5. 委托人如有代理人，则委托人及其代理人保证全面履行协议条款并配合受托人工作。

6. 委托人如为独家委托的，委托人在本委托期限内不得委托其他房地产经纪机构或个人购买房屋。

7. 其他事项。

（二）受托人责任

1. 受托人应遵守法律、法规、部门规章及行政主管部门的政策、行政措施等，不得违反上述规定违法从事经纪活动。

2. 受托人不得故意隐瞒真实情况和故意提供虚假信息向委托人提供不符合出售条件的房源。

3. 受托人应按与委托人约定的委托事项要求开展经纪活动，委托事项变化须经委托人书面同意。

4. 受托人就房屋交易程序、成交价格、付款方式、房屋交付及产权登记等方面为委托人提供咨询服务。

5. 受托人应及时向委托人通报有关委托事项的进展情况，接受委托人咨询，解答相关问题。

6. 受托人寻找符合委托人需求的房屋，协助委托人与房屋出卖人达成交易并签订房屋买卖合同。

7. 协助交易双方办理相关房屋交易过户手续、贷款手续及房屋交付手续。

8. 除本协议约定的费用外不以任何方式或理由向委托人收取其他费用。

9. 未经委托人同意不得将委托事项转委托其他房地产经纪机构或个人。

10. 其他事项。

第五条　违约责任

（一）委托人违约责任

1. 委托人故意提供虚假房屋需求信息的，受托人有权单方解除本协议。给受托人造成的损失，委托人应依法承担赔偿责任。

2. 委托人泄露由受托人提供的房屋出卖人的资料，给受托人造成损失的，委托人应按照标准支付违约金，违约金不足以弥补委托人损失的，委托人有权要求补充赔偿。

3. 委托人在委托期限内或委托期满六个月内自行与房屋出卖人达成交易的，应按照本协议约定的标准向受托人支付佣金。但双方在本协议第二条中约定为非独家委托，并能证明该项交易与受托人的服务没有直接因果关系的除外。

4. 其他约定。

（二）受托人违约责任

1. 受托人违背执业保密义务，不当泄露委托人商业秘密或个人隐私，给委托人造成损害的，应按照标准支付违约金，约定违约金不足以弥补委托人损失的，委托人有权要求补充赔偿。

2. 受托人有隐瞒、虚构信息、违反政府规定或恶意串通等影响委托人利益的行为，委托人除有权解除本协议、要求退还已支付的相关款项外，委托人还应按照标准，要求受托人支付违约金。

3. 在委托代办事项中，受托人因工作疏漏，遗失委托人的证件、文件、资料、发票等，应给予相应经济补偿。

4. 其他约定。

第六条　不可抗力

因不可抗力不能按照约定履行本协议的，根据不可抗力的影响，部分或全部免除责任，但因不可抗力不能按照约定履行合同的一方当事人应当及时告知另一方当事人，并自不可抗力事件结束之日起＿＿＿＿日内向另一方当事人提供证明。

第七条　协议变更与解除

（一）协议变更

在本协议履行期间，任何一方要求变更本协议条款，应书面通知对方，并经双方协商一致，可达成补充协议。补充协议为本协议的组成部分，与本协议具有同等效力。

（二）协议解除

经双方协商一致，可解除本协议。

第八条　争议处理

本协议在履行中如发生争议，双方应协商解决。协商不能解决的，双方同意按以下第＿＿＿＿种方式解决纠纷。

（一）提交重庆市仲裁委员会仲裁；

（二）任何一方均可向房地产所在地人民法院提起诉讼。

第九条　本协议及附件共＿＿＿＿＿＿＿页，一式＿＿＿＿＿＿＿份，具有同等法律效力，其中委托人＿＿＿＿＿＿＿份，受托人＿＿＿＿＿＿份。

第十条　其他约定

【委托人】（签章）：　　　　　　　【受托人】（签章）：

【法定代表人】：　　　　　　　　　【法定代表人】：

【委托代理人】（签章）：　　　　　【委托代理人】（签章）：

　　　　　　　　　　　　　　　　　【备案证明编号】：

　　　　　　　　　　　　　　　　　【房地产经纪人员】：

　　　　　　　　　　　　　　　　　【经纪资格证书编号】：

签订时间：　　　年　　月　　日

客户服务确认书

委托人：

委托代理人　　　　联系方式　　　　证件号码
受托人：
房地产经纪人联系方式
　　受托人根据委托人的要求和期望及《房屋购买委托协议》的规定，经房屋出卖人同意，受托人的房地产经纪人____将下列房屋推荐给委托人。委托人签订本客户服务确认书时，受托人按照下列时间带委托人（含委托人的代理人、承办人及各关联方）亲自到下列推荐的房屋实地查看并进行了相关居间介绍，且委托人在此确认：在此次看房前，没有其他房地产经纪机构向委托人推荐和查看下表所列房屋，委托人对受托人的居间中介、咨询服务予以签字确认，具体房屋地址如下：

带看时间：　　　　房屋坐落：　　　　委托人签名确认：　　　　经纪人/助理：
　年　　月　　日
　年　　月　　日
　年　　月　　日
　年　　月　　日
　年　　月　　日

并同意以下委托条款：
一、在查看房屋前，委托人应出示有效证件。
二、佣金支付：
1. 签订房屋买卖合同后，受托人有权按《房屋购买委托协议》约定向委托人收取佣金。
2. 委托人（包括但不限于委托人的承办人及各关联方）如与受托人所曾介绍的房屋出卖人在签订本确认书后的六个月内无论以何种方式及任何价格私下成交，委托人仍应支付受托人全额佣金。
　　本确认书中"关联方"是指与委托人关系密切的人员，包括配偶、父母、子女。
三、本确认书一式两份，甲乙双方各执一份。甲乙双方如有其他约定事项，可在本条另行约定：
四、委托人在受托人的房地产经纪人陪同察看过上述房屋后，如有不满意之处以及具体的期望和要求可以在本条列出：
受托人将根据委托人的要求和期望尽力为委托人提供满意的服务。
委托人：　　　　　　　　　　受托人：
联系电话：　　　　　　　　　联系电话：
　　　　　　　　　　　　　　代理人：房地产经纪人：
通信地址：　　　　　　　　　通信地址：
联系电话：　　　　　　　　　联系电话：
日期：　　年　　月　　日　　日期：　　年　　月　　日

3. 房屋求购（求租）客源信息录入要领
　　录入房屋求购（求租）客源信息要素内容包括：姓名、移动电话、购（租）房的区域范围（所在城区、片区）、意向楼层、房型、朝向、面积范围、装修、房龄、总价范围、单价范围、委托方式以及方便地看房时间等（图2-6）。

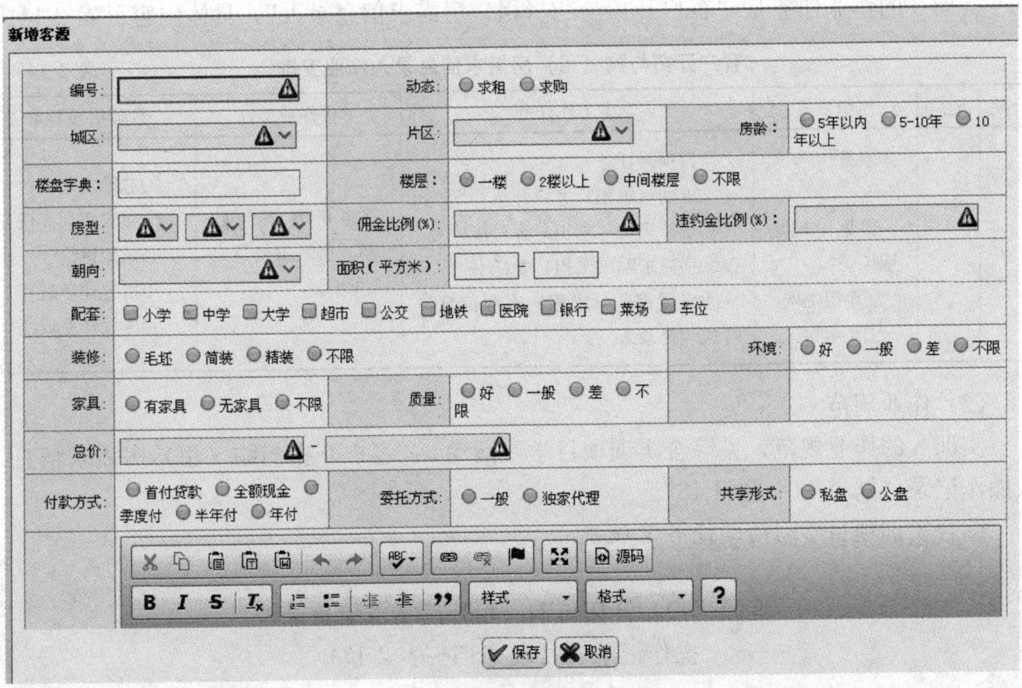

图 2-6　房屋求购（求租）客源信息录入

经验 2-16　投资购房的特点与经纪人房源、客源开拓方向

投资购房的特点：
① 有升值潜力的地方。城市的中心区域，或者城市景观区域。
② 房源处于将来的潜力或者规划的行政或者商业中心。
③ 对于地段要求非常严格，一般要求成熟区域。
④ 对于房产了解较多，一般要求经纪人更专业，比如可以计算投资回报率等。
⑤ 知名开发商开发的品质楼盘。
⑥ 稀缺性房源或者不可再生性房源。
⑦ 能够转手或出租的房源。
⑧ 对楼层和朝向要求比较严格。一般顶层、一楼都不在考虑之列。
⑨ 老城区或学区小户型房源。
⑩ 商业地段商铺和新开楼盘底商。

经纪人工作方向：

房源开拓——成熟小区的商圈精耕和开发；知名品牌的楼盘商圈；老城区或中心商业区以及新兴行政商业区域；交通便利地段有升值潜力的房源。

客源开拓——投资回头客；老客户圈子；报纸网络；一手售楼处业主名单；和物业管理公司合作；投资论坛等地方；驻守知名开发商楼盘房展和推介会；商业中心精耕。

5. 作业任务及作业规范
（1）作业任务

实训3的作业任务是"客户开拓与购（租）房需求信息录入"，具体内容见表2-14。

客户开拓与购（租）房需求信息录入作业安排　　　　　　　　表2-14

日期	地点	组织形式	学生工作任务	学生作业文件	教师指导要求
		①集中布置任务 ②集中现场考察 ③小组上网 ④小组讨论	研讨项目任务 ①求购（求租）客户开拓 ②房屋求购（求租）客户接待 ③房屋求购（求租）委托书 ④房屋求购（求租）客源信息计算机软件录入	客户开拓与购（租）房需求信息录入方案	①总结实训2 ②布置实训3任务 ③组织讨论 ④指导业务过程 ⑤考核作业成绩

（2）作业规范

实训3的作业规范，见综合实训项目学习活动3：客户开拓与购（租）房需求信息录入操作记录"题目11～题目13"。

综合实训项目学习活动任务单003：

客源（户）开拓与购（租）房需求信息录入
操作记录表（表2-15～表2-17）

题目11　客户开拓与求购（求租）客户接待操作方案　　　　　　　表2-15

操作内容	规　范　要　求
1. 接待准备	（1）接待礼仪；（2）卫生要求；（3）道具；（4）描述在经纪企业的做法

续表

操作内容	规 范 要 求
1. 接待准备	

续表

操作内容	规 范 要 求
2.欢迎顾客	(1)主动打招呼欢迎顾客进店;(2)为顾客让座、倒水;(3)描述在经纪企业的做法(至少1位顾客)

操作内容	规 范 要 求
3. 与顾客沟通内容	（1）确定顾客意向，并积极聆听；（2）介绍公司提供宣传资料；（3）回答顾客的问题并适当提出合理专业的建议；（4）查询和登记，填写《求购（租）登记表》；（5）描述在经纪企业的做法（至少1位顾客）

续表

操作内容	规 范 要 求
4. 送走顾客	（1）离开座位送至门口；（2）正在打电话时目送顾客出门；（3）描述在经纪企业的做法（至少1位顾客）
5. 登记整理资料	（1）及时整理客源信息：业主姓名；购房或租房要求等；（2）及时清洁；（3）描述在经纪企业的做法（至少1位顾客）

注：可续页。

题目 12　房屋求购（求租）委托书　　　　　表 2-16

操作内容	规　范　要　求
设计并填写求购（求租）委托书	（1）接受购房或租房委托时签署书面委任协议；（2）经纪服务条件及佣金标准；（3）描述经纪企业的房地产经纪买卖委托合同（一个）；（4）描述经纪企业的房地产经纪租赁委托合同（一个）

注：可续页。

题目13 求购（求租）客源信息计算机软件录入操作记录　　　　表2-17

操作内容	规 范 要 求
软件录入求购、求租客源	（1）利用软件按客源要素录入客源信息（图2-6）求购、求租各5个；（2）录入客源信息要素内容包括：要求房源所在城区、片区、楼层、房型、朝向、面积、装修、房龄、出价、配套、委托方式等；（3）客源审核通过后，截图10个客源

6. 实训考核

主要是形成性考核。由实训指导教师对每一位学生这一阶段的实训情况进行过程考核，根据学生上交的作业文件"综合实训项目学习活动任务单003：客源（户）开拓与购（租）房需求信息录入操作记录表（表2-15～表2-17）"3个题目的完成质量，参照学生参与工作的热情、工作的态度、与人沟通、独立思考、讨论时的表现、综合分析问题和解决问题的能力、出勤率等方面情况综合评价学生这一阶段的学习成绩，把考核成绩填写在表2-40中。

实训4 交易配对与撮合成交

1. 实训技能要求

（1）能够遵循房地产经纪类职业标准相关内容。
（2）能够在房地产经纪业务中体现工匠精神。
（3）能够进行客户查询、挖掘需求。
（4）能够进行信息匹配，为求购（求租）客户推荐合适的房屋。
（5）能够邀约带领客户看房并进行跟踪服务。
（6）能够洽商议价。
（7）能够按照房地产买卖、租赁、抵押的流程促成交易。
（8）能够利用计算机软件进行配对操作。

2. 实训步骤

（1）客户查询、挖掘需求。
（2）信息匹配，推荐房屋。
（3）邀约带领客户看房。
（4）洽商议价。
（5）促成交易。
（6）计算机软件配对操作。

3. 实训知识链接与相关案例

（1）房地产交易

指房地产的所有权、使用权及其他项权利的有偿取得或转让，是一种特定的法律行为，其内容主要包括房地产转让、房屋租赁和房地产抵押。

① 房地产转让。是指房地产权利人通过买卖、赠与、交换或其他合法方式将其房地产转移给他人的行为。A. 商品房销售是指新建房屋的投资开发者取得销售（或预售）许可证后通过买卖转让给他人的行为。商品房销售的一般流程为：购房人通过中介、媒体等渠道寻找中意楼盘→购房人查询该楼盘的基本情况→购房人与商品房开发商订立商品房买卖合同→交易过户登记。B. 二手房买卖是指房屋产权人将其依法拥有产权的房屋（但不包括通过商品房开发而取得产权的房屋）通过买卖转让给他人的行为。二手房买卖的一般流程为：购房人或卖房人通过中介、媒体等渠道寻找交易对象→交易双方签订房屋买卖合同→交易过户登记。

② 房屋租赁。指房屋所有权人将房屋出租给承租人居住或提供给他人从事经营活动或以合作方式与他人从事经营活动的行为。其一般流程为：出租方或承租方通过中介等渠

道寻找合适的承租人或出租房源→签订房屋租赁合同→将房屋租赁合同及相关材料报送到租赁房屋所在地的房地产登记机关申请办理房屋租赁合同登记备案→领取房屋租赁证，缴纳相关税费。

③ 房地产抵押。房产抵押是指房产所有权人以房契为借款担保，向银行或其他资金拥有者取得借款建立借贷关系。房产抵押借贷关系一经确立，在房产抵押期间房产的所有权证明文件——房契，应由房产登记机关注明已经被抵押，但房屋仍由房产所有权人占有、使用或管理。其一般流程为：设定抵押权→签订房产抵押贷款合同→抵押登记→抵押房产的占有、保管→解除抵押房产或处分抵押房产。

（2）影响房地产成交的因素

① 房屋本身及周边配套。房屋本身的好坏以及周边的配套是客观存在的，但客户对房屋本身以及周边配套环境的印象却是主观的，客户认可则就容易成交。因此房屋展示就成为影响成交的重要因素之一。

② 房屋产权。房屋是实物与权益的结合体。因此，为避免成交后的纠纷，应注意房源的产权问题。房屋交易的实质是房屋产权的交易，产权清晰是成交的前提条件。

③ 卖主与房主。影响房地产成交的原因除房屋本身，还有卖方或出租方即房主的原因。卖主与房主身份有问题，或对卖房的认识有偏差，则难以成交。

④ 买主与租客。影响房地产成交的原因还有买主与租客的原因。买主与租客经济有问题，或对房子的认识有偏差，则难以成交。

⑤ 房地产经纪企业。无论是房主还是购（租）房客户，如果对房地产经纪企业缺乏信任，则难以成交。房地产经纪企业应努力赢得客户信任，使交易达成。

⑥ 房地产经纪人。如同房地产经纪企业影响成交一样，如果房主和购（租）房客户对房地产经纪人缺乏信任，那么也同样难以成交。

（3）客户查询、挖掘需求

① 购（租）房客户查询与需求挖掘。为房源寻找合适的购（租）房客户，可以在客源信息库中查找。客源要充分利用，在客源的利用中，出色的房地产经纪人对每一个客源信息穷追不舍，挖掘其购（租）房需求，直到潜在的客户已经购（租）房或者离去。出色的房地产经纪人不会轻易放弃一个客户线索，而是不停地和客户联系，挖掘其购（租）房需求，直到得到回应。尽管最终的成交率是10%或20%，但必须为那10%或20%的客户而与90%或80%的潜在客户联系。没有100%的争取就没有那10%或20%的成交。

② 出售（租）房客户查询与需求挖掘。为购（租）房客户寻找合适的房源，可以在房源信息库中查找。房地产经纪人在业务开展中，常常会利用某些"索引条件"在房源信息库中查找合适的房源信息。对于一些处在待售或待租状态的房源被称为"活跃房源"，它们在房地产经纪业务中的作用不言而喻。已完成交易的房源属"不活跃房源"，它们的作用有时则会被房地产经纪人忽略，因而也就将它们打入冷宫，不再注意对它们进行更新。这种做法是不科学的，应该不断对其房主进行需求挖掘。因为随着时间的推移，这些"不活跃房源"的房主又会有新的交易需求，其有可能再次变为"活跃房源"，从而再次实现交易。

（4）信息匹配，为求购（求租）客户推荐房屋

信息匹配的原则是供求条件相当，否则就是拉郎配，浪费时间和资源。当求购（求

租）客户签订购（租）房委托后，就要根据客户的需求挖掘，立即查询到合适的房源进行推荐，并提供真实、准确的房屋资料，及时说出专业性的参考资料。要把握客户购（租）房心理的动态历程，因势利导。客户购房或租赁时的心理动态大体经历以下几个阶段：注目、兴趣、联想、欲望、比较、检讨、信赖、行动、满足。房地产经纪人推荐房屋时，应针对这 8 个阶段施以相应对策和行动。如店面房屋招贴吸引路人注目，彩色房屋图片引发兴趣，动听的房屋描述激发联想，服务到位令客户感到满足。

（5）邀约带领客户看房

当求购（求租）客户对推荐的房屋表示兴趣时，可约定时间，邀请带领客户看房。

① 在引导客户看房时，应将该房屋之优缺点尽数列在表上。

② 注意安排客户在某一较集中的时段看房（如周末时间宽裕），可以营造购（租）房气氛，加快成交速度及提高成交价。

③ 看房线路安排上，应先看优点再看缺点。

④ 当引领客户进入房屋后，除介绍房屋本身的特色外，绝不可冷场，环境、学校、公园、周边行情、邻里关系，海阔天空，充满激情。

⑤ 提起客户背景话题，根据客户背景，如职业、家庭人口、受教育程度等，准确判断客户是否属于该房子的目标客户。

⑥ 注意了解客户购房动机，关注的焦点问题，如果是居家自用房，强调就近的知名学校、购物中心；如果是投资的客户，可强调增值远景，当前房屋价值高于价格等。

⑦ 看房时要签看房确认书，制约客户，避免跳单。房地产经纪机构常要求客户在其提供看房服务后，签署看房确认书。看房确认书通常会使用通用格式，见"经验 2-15 房屋购买委托协议（含客户服务确认书）"，描述该套房产的具体地理位置，门牌号码，中介机构等信息；最主要的部分，则是对客户看房后的未来购买行为提供了约束。如：看房后若干时间内（三个月、半年等）若要购买该套房产，必须通过该中介。否则，需支付违约金若干，一般超过房价的 1%。

（6）洽商议价

洽商议价就是买卖双方就交易中的房子价格所进行的协商，经纪人要善于在价格谈判中斡旋。在议价谈判过程中，坚持原则也是一种技巧，这将使对方对你更加信任，要坚持的原则有"平等原则、互利原则、合法原则、信用原则和相容原则"。但在谈判当中，要使原则性和灵活性有机地结合在一起，更有利于达到目的。

① 确立谈判目标。房地产交易的谈判，通常都要经过多次反复地协调才有结果。因此经纪人要做好谈判前的准备工作，对关键因素要有充分的了解，明确每次谈判的目标，做到心中有数，使谈判达到预期效果。要对谈判议程预先有所计划，便于在议程中采取主动权，有利的内容先谈，回避一些使谈判陷于僵局的不利因素。

② 摸清底牌。谈判前期，多听少讲，并从不同角度引导对方讲出自己的看法。当经纪人弄清了客户的真正需求和希望，然后比较自然地把谈判引入深处，逐渐进入实质性问题。

③ 组织协商。买卖双方经常会因为一些具体的问题互不相让，比如对于价格问题谁也不肯让步，自然而然地使谈判陷入僵局。所以有必要进行组织协商，使谈判维持下去，创造一种新的谈判气氛，以期获得更好的成果。

④ 谈判技巧运用。房地产经纪人要善于运用恰当的表达方式与客户交往，并有效地引导、提醒、协调、说服客户，才能最终促成交易。适当时机向交易双方提出建设性意见：A. 在谈判陷入僵局之后，经纪人应设法打破紧张气氛，进行圆场，提醒交易双方让情绪冷静之后再决策；B. 尽量为交易双方着想，尊重各方；C. 引导交易双方紧扣谈判主题；D. 帮助交易双方适度妥协和让步；E. 经纪人在房地产交易居间业务的谈判中始终要注意自己所处的法律地位，公平、公正地表达意见。

（7）促成交易

促成交易是指经纪人在合适的时候采用有效的技巧使客户做出购买（或租用）的决定，并与客户签订交易合同。在促成交易过程中，经纪人应当学会促成交易时机和地点的把握。要密切留意客户的成交信号，及时给予确认和巩固，如：客户询问完毕时，询问集中在某一特别事项，开始默默思考，不自觉地点头，专注价格问题时等。促成交易的技巧主要有：

① 直接促成法。也称为直接请求成交法，指经纪人直接主动地要求买卖双方成交，是一种最简单、最常见的成交法，经纪人应该利用各种成交机会提示，刺激客户，主动向客户提出成交要求，努力促成交易。

② 让步促成法。也称为优惠成交法，是指经纪人向业主建议以提供优惠条件而促使成交的方法。采用这种方法可以以较快的速度与客户达成协议，并且可以在较短的时间加速资金回笼。

③ 选择促成法。也称为提供方案成交法，是指经纪人向客户提供一些购买决策的选择方案的一种成交技巧。选择促成法的要点在于：使客户回避"要还是不要"的问题，而让客户回答"要 A 还是要 B"的问题，尤其是客户面对多种选择拿不定主意时，采用此种问法有可能奏效。

④ 异议促成法。也叫作处理异议成交法，它是指经纪人利用处理客户异议的机会促使客户成交的方法。如果经纪人发现客户异议正是客户不愿意购买的理由，则消除这个异议就会带来促成交易的结果。

⑤ 从众促成法。是指经纪人利用客户从众的心理促使客户购买的一种成交方法。其表现形式通常是利用一部分客户去说服另一部分客户，制造"羊群效应"。利用小量去促成大量成交，诱发客户的从众心理动机，促成交易成功。从众促成法适用于集中多套的住宅销售或大型房展会的销售。

⑥ 抢购促成法。是指经纪人制造销售紧张空气，促成犹豫不决的客户立即决断的成交法。其表现形式通常是告诉已经选中某套房但仍在犹豫的客户，这套房若不及时购买，某先生明天就来签约了，迫使其下定决心，促成交易。

⑦ 涨价促成法。是指利用客户买涨不买跌的心理，把将要涨价的消息告诉还在观望的客户，促使其赶紧购买的一种成交法。

案例 2-8 中广置业的客户配对

首先，需求挖掘。经纪人小李针对上述案例求购客户卢先生进行客户需求分析。

① 基本信息。主要有：

姓名：卢×× 　　　　年龄：36 岁 　　　　电话：13811111××

地址：南京市××路××号　　　　　　籍贯（国籍）：江苏无锡
职业：企业白领　　　　　　　　　　获知本公司的途径：朋友介绍
② 需求信息。主要有：
所需房型：2室1厅或3室1厅　　　　所需面积范围：70m² 至 90m²
价格承受：8000～10000元/m²　　　 满意程度：比较满意
目标区块：××中学3km内　　　　　 购房原因：自住
付款方式：按揭贷款
③ 深度信息。主要有：
购房动机：居住需求　　　　　　　　决策人：本人或妻子
干扰因素：市场变化、观望心理

其次，需求分析。获得需求信息后，经纪人小李对信息进行深层次分析，分析该需求背后的原因。经纪人小李多次沟通后发现，卢先生购房需求的重要原因是女儿的上学问题。需要注意的是，客户需求绝不是通过一次沟通就能够完全了解的，而且经纪人有可能对客户需求判断失误，所以需求了解与判断需要多次沟通，反复分析与判断。

最后，信息匹配。小李在本店房源中，发现房主黄女士位于南京××路××号1幢1单元101室的物业与卢先生的需求非常匹配，于是在当天马上联系黄女士，开始看房。匹配时对信息的搜索顺序：①在经纪人本人记忆信息中搜索；②在所在门店信息中搜索；③在本公司记录信息中搜索；④如果以上途径失败，可以尝试在本公司信息系统之外的外围网站中搜索符合配对需求的信息。信息匹配成功后，要及时勘察与带看，忌拖拉、拖延，错过成交机会。

（8）计算机软件配对操作

有两种交易配对方法：①按已经搜集的房源在客源库寻找购（租）房客户；②按已经搜集的购（租）房客户在房源库寻找所要的房子。计算机软件配对操作（图2-7）。

图2-7　房源、客源交易配对

4. 实训要领与相关经验

交易配对与撮合成交实训用时1~2天，撮合成交3~10套。教师要指导学生填写实训进度计划表1-1、考勤表1-4以及作业文件"综合实训项目学习活动任务单004：交易配对与撮合成交操作记录表（表2-19~表2-23）"。

（1）客户查询、挖掘需求要领

① 客户查询，较常用的查询要素即"索引条件"主要有：房屋名称、地址（或物业所处行政区域）、面积、用途、户型、出售或出租价格等。在录入或更新房（客）源信息时，要特别注意这些常用的查询要素，保证其真实性、有效性。

② 客户需求要素分三个层次：基本信息、需求信息、深度信息。要挖掘需求内涵，如：出售房屋往往要个好价钱，有的卖主关心单价，是跟买入价比较或跟行情比较，有的卖主关心总价，想买新房或用于别的投资，甚至还有的卖主在意成交速度或付款方式。而出租房屋时，更多房主会关注押金、租期、续租事宜，也有人对租客特别挑剔，如是否有正当职业。

③ 客户分类。获得客户需求后要对客户进行有效分类。如对求购客户的分类，比较好的方法是依据客户的"购买力"、"决策权利"、"需求缺口"这三个指标作为客户分类的考量。客户分类的目的是对不同客户倾注不同程度的关注度，所以根据客户分类的不同，需要及时制定出与这个客户相符合的客户跟进计划。案例2-8中，客户卢先生具备一定的经济实力，承受能力强、有急迫的需求、有决策权，是重点客户，应该每天跟踪两次。

④ 客户回访。有的经纪门店规定，每天不低于30个有效回访，有效分类自己的客户资源，对热门房源要高频率、重点回访。如果到期未回访客户，个人所拓展的资源会列入公盘，个人资源将会被共享，所有前期的努力都将付诸东流。

⑤ 重视客源的再利用。房地产经纪人往往将焦点放在开发新客户上，而旧的客源信息往往忽略，其实老客户并不意味着没有价值。一个成功的房地产经纪人要善用旧的客源信息，其实那里面也有宝藏。一个客户的价值取决于他（她）终生带给房地产经纪公司或房地产经纪人的收入和贡献，即客户终生价值。客户均可分成初次购买（服务）的客户和重复购买、推荐购买的客户。由于不同的客户与房地产经纪人发生业务的次数和业务量的不同，成本不同，因而其价值不同。得到一个新客户的费用是一个老客户所需费用的5~10倍。因而有意识地致力于开发长期客户的价值，培养忠诚客户，是房地产经纪人业务源源不断的保证，也是竞争力的基础，而不是只顾眼前利益，做一单算一单。

经验2-17 经纪人如何应对卖主（房主）?

房地产居间业务是在交易双方之间斡旋促成的。在卖方的确认和说服工作中，重点把握下列技巧：

资格甄别。看看卖主和房主是不是同一个人，如果不是，卖主要有房主的委托公证书。

真实意愿。是否出售或出租，不能根据客户的口头陈述，填表写委托书才是检验真实意愿的手段，有些房地产经纪公司将委托书制作成比较严格的合同文本，这在接触的初期阶段是不合适的，放盘委托书宜简明扼要。

判断决策人。夫妻俩的房子，单位的房子谁能决定，房地产经纪人对这一点要敏感。

尊重和利用顾问。卖方为了使交易对自己有利，或鉴于自己经验的局限，会请一些亲朋好友、业界帮手，这是完全可以理解的，房地产经纪人万万不可有对立情绪，要耐心听，以示尊重，增进沟通，要热情说服，施加影响，力争使顾问成为促进成交的帮手。

经验2-18　如何让客户成为真正的买主或租客？

让客户成为真正的买主或租客，下列工作能够加快速度：

需求引导。有些业务人员，简单理解客户就是上帝，跟着客户的思想走，最终也帮不了客户；有的客户表述不清自己的需求，也有的客户性格模棱两可。因此，房地产经纪人必须进行需求引导，说出客户心中想表达的，建立起共识，减少误会以快捷成交。

能力判断。买主或租客愿意付出多少、能够付出多少，将决定向其推荐相关的房屋，也不可简单依据收入或存款来推算，因为还有家庭其他支出、其他生意支出等综合因素的考虑。

了解出资人。父母给子女买房，子女给父母买房，都是可以预见的。在多数情况下，出资共享人的意见是至关重要的。

了解受益人。受益人的喜好也会决定买主或租客的选择方向，如受益人喜欢出租房屋内的一架钢琴，成交容易了，价格也会高一些。受益人可能是买空卖空主或租客的家人，也可能是公司的高级雇员等。

与律师友好沟通。买方选择律师做参谋会越来越多，律师通常是严谨细致的。房地产经纪人应学会与律师沟通，解决律师提出的问题。解决不了的问题，不妨直言相告，没必要兜圈子，买方或许因为喜欢而放弃一些条件，也可增加成交机会。

（1）信息匹配，为求购（求租）客户推荐合适的房屋要领

按照供求条件相当的信息匹配原则，为求购（求租）客户推荐合适的房屋。

① 推荐房屋应从低档的开始。不知道客户的购买预算时，此种方法较易获得客户反馈。这样会给客户做足面子，客户感觉好，会道出真实意图。反之则容易伤害客户的自尊，以一句"太贵了"结束购房委托。推荐房屋应与介绍房地产知识交互进行，循序渐进地探寻客户的真实需求，并试图逐渐集中到客户买（租）房的焦点上。

② 推荐房屋的用语。要配合客户的需求及时说出合适的参考意见，往往会收到较好的效果。"如：两房的小单位非常好卖"，"今年流行这种复式结构"，"框架结构可以改动"，"这种……等"。要说得自信、够专业、有水平，设身处地从客户的角度说。

③ 及时优化房源。对推荐给客户反映不佳的房源要进行优化议价。对质量不高的房源进行优化，是对客户和房主负责的表现，经纪人的职责是保证房源质量符合客户需求。经纪人对自己及门店房源要求熟记，对区域内优质房源要求熟记。对区域内的优质房源不熟悉，就不能称为合格的经纪人。合格的经纪人不仅要深刻了解自己的房源，更要对本门店乃至整个区域内的优质房源熟记于心。保证第一时间为求购（求租）客户推荐合适的房屋。

④ 门店联动推荐房屋。经纪人自己掌握的房源往往不足以满足客户的需求。所以，经纪人要跟附近的本公司门店进行资源交流、业务沟通，保证联动通畅，提高连锁优势。要了解其他门店和同事，加强合作，提高团结性，保持优质房源在第一时间被大家所知。资源共享，帮助别人就是帮助自己。

（2）邀约带领客户看房要领

① 邀约技巧。邀约时要注重突出优势，首先把物业的优势亮出来，引起客户的关注以后，再向客户介绍该物业的其他信息。如：经纪人小李向马先生邀约的时候，可以首先说明该物业离马先生的公司非常近，步行十分钟之内能够到达，免除早高峰堵车之苦；售价9800元/m²，比较适中；该物业是精装全配，可以拎包入住。

② 邀约误区。不能夸大其词；不能胡乱承诺；不守时；房主与客户约见在同一地点见面。

③ 清楚客户的看房目的。要有针对性地向客户介绍房源。

④ 看房工具包。主要有：笔记本、笔、鞋套、名片、计算器、税费计算表、指南针、两份以上经纪合同、《看房确认书》。

⑤ 看房设定

A. 看房时间设定。上午看房——针对东边套房源；下午看房——针对西边套房源；晚上看房——采光略欠，混水摸鱼。

B. 看房路线设定原则：避免看房路途中的不利因素；展现小区的有利面；不宜在物业中停留时间过长。

C. 看房数量设定：通常情况下，看房数量以三套为宜；为带看安排一个好坏对比突出的带看顺序，用辅助房源衬托主打房源。

⑥ 看房结束要点：《客户服务确认书》签字确认，获得本次看房的结果。根据获得的客户反馈，制定下一步是谈判或是继续配对的行动方法。如：经纪人小李获得的看房结果是，马先生对本套物业基本满意，但是希望价格能够降到9500元/m²。小李制定的下一步目标是，与房主王女士谈判，希望能把价格降到马先生的期望价格。

⑦ 一送到底，防止客户走"回头路"。

经验2-19 客户看房技巧

房地产经纪人要通过带看过程赢得客户的信任，服务和专业非常重要。安排客户做好细节，从带看前、带看中、带看后全部安排到位。

约客户前的准备。约客户看房前，要仔细了解房屋的优缺点并准备相关话题；要根据房屋的具体情况，和客户约看房时间，例如：中午时间采光好，早上空气清新，晚上热闹，早晚堵车，朝东的房子，最好是10点之前，朝北的房子要选择一个晴朗天气等。路线安排：经过学校、公园、绿地、超市等便捷生活设施，避开人们忌讳的地方，如垃圾站等。房屋较脏乱，可预先安排保洁清理；采光或通风较差，可预先开灯开窗。准备《经纪合同》、《看房确认书》、公司资料及其他展业工具。

在带客户看房之前，最好通过电话对客户的需求有充分的了解，按照他的大致需求，给客户介绍三套左右的房子。让客户从感觉上判断一下哪个房子比较符合他的要求，然后带客户去看他相对比较满意的房子，这样既缩短了无用的看房时间，也提高了看房效率，增加了成单的机率。

电话沟通约看：描述标的物；讲解推荐原因；激发兴趣；推荐房源，讲解推荐原因；确定见面地点，时间，联络方式；自己和客户的体貌特征；提醒业主带上产权证原件。防止跳单：提醒客户业主不要直接谈价，解释交易的安全性，不签约不收费；私下交易无保障，无人对交易负责；本公司还会追究法律责任。约见地点，选在人流少，有明显标志物的地点见面；引导客户以最便捷的方式到达。

　　首次看房要提前半小时到达，先找到房屋准确地点，了解房屋周边环境以及市政配套设施、学校及交通状况，并确定到达房屋的最佳路线；准时到达约定地点迎接客户，自我介绍并主动递名片；向客户介绍周边环境以及市政配套设施、学校及交通状况；让客户对标的房屋有切身的感觉，引导客户买到合适的房屋，通过看房了解客户的真正需要，进行面对面的沟通与交流，为下次帮客户找到合适房源做好准备工作。

　　按选择好的路线带客户到达所看房屋。征得业主同意进入房间，向业主自我介绍并主动递名片，向业主介绍客户，求得开始就有一个良好的气氛；如果是第一次看房，进门后迅速对房屋的重要因素进行判断，如照明、噪音、装修、格局并根据这些判断引导客户逐一看房屋的组成部分——客厅、卧室、厨房、卫生间、阳台，并对每一部分的面积有大概的估计。在这个过程中注意要引导客户的视线和思维；要替客户问业主一些客户关心的问题，如房屋年代、结构、邻里关系、物业、供暖、停车、环境等；在可能及必要的情况下请业主出示产权证及购房协议，确认业主的身份并了解业主登记信息是否与产权证登记相符、产权单位对房屋出售是否有限制条件及该房上市审批情况；看完房后向业主致谢告辞。

　　切记，经纪人不是看房人，盲目看房会浪费精力、浪费时间。看房前打动客户，看房时多沟通，使客户认可自己，也使自己更了解客户，有效配对，有效看房。看房回来后及时与店长沟通、讨论，同时制定下一步行动。

　　及时跟踪。对前日看过房的客户进行跟踪，及时了解客户动态及变化，及时获取一手信息，推荐合适物业。高频率的客户跟踪，能够加强客户对经纪人的了解，增强信任度，牢牢锁定客户的方法就是与他们成为朋友。多沟通，就会知道客户真正的需求，以客户的角度分析问题，掌握看房时间，不让其他中介有可乘之机。

经验 2-20　看房中如何化解客户对房屋的疑虑

　　通常，客户对所看房屋都会有些疑虑的。所以，在向看房客户进行介绍时，应选择适当的时机，向客户进行一些必要的提示与提问，逐步化解其心中的疑虑，并在此过程中不断发现新的问题，进一步化解。客户的信心就会不断得到增强，购房的欲望也随之高涨。在进行提示与提问的过程中，注意从3个方面入手：①利用房屋的优势，展示你推荐的房屋能给客户带来较好的效用或利益，让他们对其优势以及有时能带来的利益感兴趣。②要不断排除客户所担心的风险。客户对经纪人推荐的房屋已经满意，但仍然迟迟不作出购买决策，这是客户常见的一种求稳、求安全的心态。针对质量可能不可靠的疑问，经纪人可以采取：一是销售证明，有选择性地请老客户向新客户介绍；二是利用媒介报道来证实，各种大众媒介的宣传、报道、评论、文章等资料都可能成为证实的材料，利用开发商的知名度和本经纪公司的可信度，树立和增强客户对经纪人的信任，避免或减少对所推荐房屋风险的担心。③经常向客户提问，更有效地和客户进行交流与沟通，能够得到必要的信息反馈，根据不同客户采用不同的介绍形式，以便对症下药。

　　及时化解问题。问题发生最多的时候，一般是在介绍说明与协商谈判这两个阶段之间，要能及时化解。对于客户可能会提出的问题，都尽可能事先做到心中有数。要清楚问题的产生，然后就要及时处理，如果能够为客户解决这个问题，就意味着业务的进展有了希望。提出问题的人多数是买方，这些问题可以归纳为：①产权方面的质疑；②房屋质量的忧虑；③配套设施方面的期望；④开发商（或业主）、经纪人的背景与信誉；⑤物业管理服务的收费与服务质量；⑥相关手续的办理；⑦旧房的历史与未来的前景；⑧社区群体氛围；⑨价格行情；⑩房屋交付的问题等。

经验 2-21　经纪人处理异议的有效途径

经纪人处理异议的有效途径，有以下两个方面：

① 主动与直接。A. 主动提出处理。经纪人与客户接触之间就估计到客户可能会提出的异议，与其让客户提出来，倒不如经纪人自己主动先提出来，但经纪人得事先做好充分的准备，在最恰当的时间里提出处理。B. 直接肯定答复。对于可以肯定的问题，经纪人要掌握分寸恰到好处地给客户一个满意的答复，让客户产生信任感。C. 直接否定答复。对于可以否定的问题，在客户明显要求确切地答复时，经纪人直截了当地进行否定，但要注意分寸、不伤客户面子。

② 被动与委婉。A. 倾听客户的意见。对于客户的异议，如果经纪人仔细地、恭敬地倾听，客户会感激经纪人能严肃、真诚地对待他们的问题，有利于双方沟通。B. 复述与提问。听完客户的异议，经纪人要对客户提出的异议的主要观点进行重复，看看是否搞清了客户担心的问题所在。复述异议时带有提问，客户会在听完经纪人的复述后，进行肯定或否定回答。常常就在复述、提问、肯定与否定或进一步解释的过程中，大事化小，小事化无，不知不觉地把问题解决了。C. 转折性否定。只要客户的异议有点道理，经纪人都应该先同意客户说的是合理的，对客户的观点予以肯定，然后提出不同的意见，进行耐心地解释。这种方法不仅表现了经纪人对客户的尊重，而且可以减少异议，创造和谐的气氛。成功的经纪人，要为委托双方的利益着想、考虑客户的需要、针对客户的疑惑点，要审慎回答、保持亲善，语言温和、态度诚恳、措辞恰当、灵活应付，不要轻视或忽略客户的异议或直接反驳客户。对客户提出的问题进行相关解释，应求真求实，不应夸大、虚构，如果一时拿不准，需要进一步落实，可先进行委婉的解释，然后及时进行落实。有些问题涉及另一方客户时，应及时将信息反馈给对方，尤其是要做好交易双方的沟通与协调工作。

客户提出的有关问题都得到满意的答复后，会对经纪人推荐的房地产产生信赖，愿意进入实质性谈判。

（2）洽商议价要领

① 把握促使客户下定决心的主要原因。一般有：所看房屋与客户需求相符合；客户非常喜爱房屋的各项优点，包括大小、环境；经纪人能将产品及大小环境之价值表示得很好，客户认为本房屋价值超过"表列价格"。

② 在议价过程中，遵循以下原则：对"表列价格"要有充分信心，不轻易让价；不要有底价的观念；一定要在客户能够有做购买决定的权力的情况下进行，否则别作"议价谈判"；让价要有理由；制造无形的价值，如人文风化、名人效应等。

③ 抑制客户有杀价念头的方法：坚定态度，信心十足；强调产品优点及价值。

④ 房地产经纪业务必须双向沟通，言行要得体，适度渲染是技巧，但要说到点子上，不能胡说八道。要客观展示房屋，针对优点款款道来，客户提出缺点，要胸有成竹，能立即作答，合理解释。

经验 2-22 顾问式服务法

符合客户心理的应对法。客户服务是帮助客户做出选择和达成交易。最重要的一点就是要迅速判断每个客户的心理，并用适合他们的方式为其服务。最忌千篇一律呆板的言语应对和接待方式，如对犹豫不决类型的客户，应快刀斩乱麻，不必推荐过多的物业供其选择，而是坚决果断地以专家的理性论据说服对方购买待定物业，放弃其他的选择，帮助客户尽快做出决策，使客户依赖并心服口服；对于风水迷信类型的客户，最好尽量用现代思想观念破除其迷信，改变其风水观念，并尽可能举出反例来解除其疑惑，如果对方迷信心太重，不妨投其所好，将一些所谓好的座向、楼号推荐给这些客户；对于谨慎小心类型的客户，除了详细地介绍物业外，还应以亲切、诚恳的态度沟通感情，通过家常闲话，慢慢了解客户的家庭情况、经济收入状况和购房愿望及偏好，争取客户的信任和依赖感，然后再切入主题。

增加自身的可信度。可信度是指客户对你的信任程度。房地产经纪人首先一定要保持良好的外在形象，一般要穿西装、打领带、擦亮皮鞋；其次要把自己优秀的一面展示给客户，比如可以告诉客户自己的学历、职称、以往的业绩等。

信心十足地推荐。信心十足的前提是对推荐房屋的充分了解，带客户看房之前自己一定先看过并对房屋的优缺点做到心中有数，否则既是对客户不负责，也容易使自己陷于被动。自己心虚难免招致欺骗印象，更不容易得到客户信赖。

实际性的房地产知识。在强调房地产理论知识的同时，不可忽略产权交易中的程序性知识和日常生活中房屋使用的知识。程序性知识可通过操作来训练，这是客户借助居间完成交易的直接理由。房屋使用知识可以向客户学习，厨房应怎样合理布置，客厅该如何处理，掌握这些实际性的知识可以为客户做更切合实际的建议。

以体验性的知识来说服客户。一旦具有体验性的知识，不但可以清楚地了解该房屋的优点和缺点，更能与客户默契沟通，为客户提供确切的信息，从而更易说服客户。体验性的知识可以通过调查和客户访谈获得，如访问该房屋周边学校、学生及家长的感受和评价。

（3）促成交易要领

① 时时警觉准备落订。警觉不是紧张，不要夸夸其谈，忘乎所以，错过落订最佳时机。

② 建立客户对你的信心。准备充分有利树立自己的成交信心。透过你的包装让客户感受职业能力及诚实操守。将产权清晰、屋况良好、房屋整洁等可控因素展露无遗，你的说辞便可赢得客户信任。

③ 对客户所好、需求、弱点成竹在胸，寻机劝说。如是否因为孩子上学而选择，或是上班方便，格局及厨房太太比较喜欢等。

④ 强调房屋优点抓住客户的心。不厌其烦地强调房屋优点，用动听的言辞，用不同的表达方式反复敲打，让中意的客户更加心动，怦然落订。

⑤ 遇到迟迟不下决心的客户，可慎重使用压迫措施。如透露新信息，当着客户的面与其他客户洽谈等。切记压迫不是强卖，只是帮客户早作决断，或中意就可落订，或犹疑

重重就此作罢。

⑥ 议价有节，谨慎从事。客户满意时，及时要求落订，引导客户开出价格。客户开出价格却不能轻易答应，要让客户争取得很辛苦，感到付出了合理的价格甚至低价买入了。客户不愿开价是常见的，通常要求中介或业主开出合理价格。这时可小额降价再次引导客户开出价位。提示附近最新行情价格，不为杀价，只是显示该单位价格已是很便宜，难再退让。客户若能合理出价，中介亦不必马上答应，以征询业主意见为由尝试加价，视客户反应再作定夺。

⑦ 当机立断，锁定成交机会。当交易双方已经达成共识，经纪人必须时刻注意动向，随时抓住机会，帮助客户下定决心，促成交易。成交机会瞬间即逝，掌握气氛立即促成交易，当客户已经决定成交时，经纪人必须立即促成交易，收取定金，锁定客户，否则客户一出门，随时都可能反悔，便回天无力了。"临门一脚"是整个交易过程中最关键的一环，务必把好此关。例如：当购房者已经看重某个物业，交易双方成交的条件与价格都已锁定，而购房款项或首期付款，甚至定金额数都一时到不了位，为了锁定该物业的购买权，购房者愿意先付少量的保证金，习惯上称为小定，有的称为诚意金，一般在每套房500～5000元，在一定时间之内购房方必须前来履行下一步手续，否则诚意金将被视为出售方及经纪人商机损失的补偿，诚意金通常是由委托经纪人代收代管，出具收款收据。拿到订金，切不可沾沾自喜，甚至喜形于色。

经验2-23　房地产经纪人如何通过提高自身素质促成房地产经纪活动

注重外在形象。修饰外表是尊重客户也有益自身，客户对房地产经纪人的评价通常取决于第一印象。房地产经纪人的外观应清洁、稳重，办公用品的整齐摆放均能给客户建立清爽可亲的印象，必须勤加检点。穿着或化妆如果欠缺品味，会使客户对提供的服务和房屋产生平庸感，房地产经纪人需要不断学习努力提高自己的品位，外表应打扮得和工作性质相称，保守、稳重、更职业。

态度和蔼。亲切的态度与和蔼的笑容能拉近房地产经纪人与客户、房主的关系。前者是积极主动地接待，后者是善解人意的沟通。房地产居间主要面对个人和家庭客户，又关涉民生中"住"的要素，此种服务表现形式怎么强调都不过分。让客户感觉舒适，才有进一步达成协议的可能性。要积极主动接待，善意友好的沟通。持之以恒，生意和声誉都将获益匪浅。

了解、体察客户。房地产经纪人在服务客户时，不可因年龄、外表、服装、职业、消费能力等因素而对客户有差别对待，尽力提供满足客户要求或希望的服务品质。同时注意维护自尊，在服务过程中与客户也是平等互利的关系。房地产交易双方通常由于知识和经验缺乏，并不能确切描述或表达他们的期望，房地产经纪人要善于从电话问询、当面交谈、看房等服务过程中注意体察客户的希望。

不断提高技能，培养信心。房地产经纪人需要研究客户心理、接待技术、房地产知识和市场资讯。只有对专业的深入和良好的心理素质，才能自信面对客户。

增强房地产居间的服务意识。包括：①质价相称才是服务，减价并非服务；②房地产居间服务以满足客户希望为宗旨；③让客户感觉好；④纠正免费服务的误区。客户往往误认为服务是免费的，实际上百货商店售卖的商品价款中已包含了服务的费用。居间服务收费不宜纳入房屋价款中，否则有违公开原则。同时，为亲友提供的居间服务也不能成为借口获取免费服务，正如银行职员家属不能随意索取钞票一样。

坚持房地产居间服务的原则。主要有：①平等化原则，在服务过程中与客户是平等的互利关系；②珍惜常客；③体察客户的希望。

（4）计算机软件配对操作要领

分别按两种交易配对方法操作：①按已经搜集的房源在客源库寻找购（租）房客户，即为房子和客户进行匹配；②按已经搜集的购（租）房客户在房源库寻找所要的房子，即为客户和房子进行匹配。利用计算机软件为出售（租）房源与求购（求租）客户配对，不少于 10 对。

5. 作业任务及作业规范

（1）作业任务

实训 4 的作业任务是"交易配对与撮合成交"，具体内容见表 2-18。

交易配对与撮合成交作业安排　　　　　　　表 2-18

日期	地点	组织形式	学生工作任务	学生作业文件	教师指导要求
		①集中布置任务 ②集中现场考察 ③小组上网 ④小组讨论、策划	①客户查询、挖掘需求 ②信息匹配，为求购（求租）客户推荐合适的房屋 ③邀约带领客户看房 ④洽商议价 ⑤促成交易 ⑥计算机软件配对操作	交易配对与撮合成交方案	①组织讨论 ②指导业务过程 ③考核作业成绩

（2）作业规范

实训 4 的作业规范，见综合实训项目学习活动 4：交易配对与撮合成交操作记录"题目 14～题目 18"。

综合实训项目学习活动任务单 004：

交易配对与撮合成交

操作记录表（表 2-19～表 2-23）

题目 14　客户查询、挖掘需求、分类与跟进方案　　　　　　　　　　表 2-19

操作内容	规　范　要　求
1. 客户查询与需求挖掘	（1）查询要素：房屋区域、面积、户型、出售或出租价格等；（2）挖掘录入的房源、客源的需求内容：①购（租）房客户需求挖掘，在客源信息库中查找分析需求内涵——单价、总价、投资、成交速度或付款方式、出租房屋押金、租期、续租、租客职业等；②出售（租）房客户需求挖掘，在房源信息库中查找"活跃房源"；（3）查询 4 位客户，分析其基本信息、需求信息、深度信息；（4）描述在经纪企业的做法（购房、租房客户各 1 位；求租、求购客户各 1 位）

续表

操作内容	规 范 要 求
2. 客户分类与跟进	(1) 客户分类：按需求分类；(2) 客户跟进计划：根据客户分类制定跟进与回访计划，每天跟踪次数；(3) 重视客源的再利用：初次交易、重复交易、推荐交易；(4) 描述在经纪企业的做法（至少4位客户）

续表

操作内容	规 范 要 求
2. 客户分类与跟进	

注：可续页。

题目15 客户配对，为求购（求租）客户推荐房屋操作方案　　　　表2-20

操作内容	规 范 要 求
1. 分析客户配对要素	（1）列出常见客户配对要素：价格、面积、户型、区位等；（2）根据需求挖掘，分析客户的具体需求要素；（3）描述在经纪企业的做法（求租、求购客户各1位）

续表

操作内容	规 范 要 求
1. 分析客户配对要素	

续表

操作内容	规 范 要 求
2. 求购（求租）客户推荐房屋	（1）按照供求条件相当的信息匹配原则，为求购（求租）客户推荐合适的房屋，每个客户推荐3套；（2）推荐房屋技巧：从低档开始、推荐用语；（3）及时优化房源、门店联动推荐房屋；（4）描述在经纪企业的做法，分别为2位求购（求租）客户推荐房屋

注：可续页。

题目16　邀约带看操作方案　　　　　　　　　　　　　表 2-21

操作内容	规 范 要 求
1. 看房准备	（1）看房工具包：笔记本、笔、鞋套、名片、计算器、税费计算表、指南针；（2）看房确认书；（3）描述在经纪企业的做法，分别为2位求购（求租）客户带看做准备

续表

操作内容	规 范 要 求
2. 看房过程设计与实施	（1）看房安排：时间设定、路线设定、看房数量设定；（2）带看过程中的交流话题；（3）在引导客户看房时，记录该房屋之优缺点；（4）签看房确认书，避免跳单；（5）礼貌分别，根据客户反馈制定下一步是谈判或是继续配对的行动计划；（6）描述在经纪企业的做法，到经纪门店为2位求购（求租）客户各带看1套房屋

注：可续页。

题目17 洽商议价与交易促成操作方案　　　　表2-22

操作内容	规 范 要 求
1. 洽商议价方法	（1）确立谈判目标；（2）摸清双方底牌；（3）组织协商；（4）议价原则：对"表列价格"有信心不轻易让价、让价要有理由；（5）运用谈判技巧、议价谨慎有节；（6）双向沟通，言行得体；（7）描述在经纪企业的做法，到经纪门店记录1对客户洽商议价方法

续表

操作内容	规 范 要 求
2. 交易促成方法设计与实施	（1）把握促成交易的时机和地点；（2）把握促使客户下定的主要原因；（3）使用促成交易的技巧：直接促成法、让步促成法、选择促成法、异议促成法、从众促成法、抢购促成法、涨价促成法。（4）锁定成交机会，收取诚意金；（5）描述在经纪企业的做法，到经纪门店记录1对客户的交易促成

注：可续页。

题目18 计算机软件配对操作记录 表2-23

操作内容	规 范 要 求
软件配对操作记录	（1）把交易已经促成的房源、客源，在计算机软件里成功配对；（2）利用软件按已经搜集的房源在客源库寻找购（租）房客户，进行配对，直到成功；（3）或者按已经搜集的购（租）房客户在房源库寻找所要的房子，进行配对，直到成功；（4）利用软件为出售（租）房源与求购（求租）客户配对，成功不少于10对，截图10个配对成功的记录

6. 实训考核

　　主要是形成性考核。由实训指导教师对每一位学生这一阶段的实训情况进行过程考核，根据学生上交的作业文件"综合实训项目学习活动任务单004：交易配对与撮合成交操作记录表（表2-19～表2-23）"5个题目的完成质量，参照学生参与工作的热情、工作的态度、与人沟通、独立思考、讨论时的表现、综合分析问题和解决问题的能力、出勤率等方面情况综合评价学生这一阶段的学习成绩，把考核成绩填写在表2-40中。

实训5 签订买卖（租赁）成交合同

1. 实训技能要求

(1) 能够遵循房地产经纪类职业标准相关内容。
(2) 能够在房地产经纪业务中体现工匠精神。
(3) 能够做好签约前的准备。
(4) 能够拟定合同条款。
(5) 能够利用计算机软件进行签订合同操作。

2. 实训步骤

(1) 做签约前的准备。
(2) 拟定合同条款。
(3) 利用计算机实训软件签订合同。

3. 实训知识链接与相关案例

(1) 签约

签约就是签订房地产买卖（租赁）成交合同。签约是房地产交易的公证方式，签约双方形成事实上的约束关系。对房地产经纪人来说，签约是为了进一步巩固落订成果，只有签约才能确保佣金落袋为安。

(2) 签约前的准备

① 准备合同参考文本，审核需要双方协商确定的内容，应该认真细致，确保无遗漏。
② 签约使用的是统一的规范合同，所有填写的内容，包括额外添加的补充条款，都需要协调双方同意、确认。
③ 必须通知买卖（租赁）双方当事人到场，由本人签订合同，若交易当事人本人不能到来，应开具有效委托书。
④ 客户落订后，未足额付预定款的，须在协议中注明余款金额及具体的交款时间。
⑤ 客户对合同条款产生严重异议并解决不下来时，房地产经纪人应及时安抚客户，避免客户情绪过于激动而影响到其他客户产生连锁反应，并将情况及时报告主管或店长。
⑥ 核对签约所需相关证件资料。如：出售房源带有租约，要有承租人放弃优先承购权的书面承诺。
⑦ 严格按照经纪门店签约流程办理，签订过程中要仔细认真，多核对，避免错误的发生。
⑧ 收取客户有关费用，必须出具相应的发票或收据。不得私自收取客户的定金、房款、佣金及其他财物。
⑨ 在职责范围内尽可能满足客户提出的要求或问题。但是，房地产经纪人无权对商定的合同内容做出更改、增加或减少的决定，无权对佣金支付做违背公司规定的介绍或暗示。

(3) 拟定合同条款

签约通常使用的是统一的规范合同，而合同填写的约定要尽量详细，包括房屋设施情况、付款（包括佣金）时间方式、过户时间、税费分担、物业交割、违约责任等。通常情况下，合同条款主要考虑10个方面内容：

① 当事人的名称或姓名、住所。这里主要是写清当事人的具体情况、地址、联系方式等，以免出现欺诈情况；双方应向对方做详细清楚的介绍或调查；应写明是否共有财产，是否夫妻共同财产或家庭共同财产。

② 标的。这里应写明房屋位置、性质、面积、结构、格局、装修、设施设备等情况；同时还应写明房屋产权归属（要与第一条衔接）；是否存在房屋抵押或其他权利瑕疵；房屋的物业管理费用及其他交费状况。

③ 价款。这也是很主要的内容，主要写明总价款；付款方式、付款条件；如何申请按揭贷款；定位、尾款等。约定佣金的支付方式、时间等。

④ 履行期限、地点、方式。主要写明交房时间、条件；办理相关手续的过程；双方应如何寻求律师、评估机构等服务；各种税费、其他费用如何分摊。

⑤ 违约责任。主要说明哪些系违约情形；如何承担违约责任；违约金、定金、赔偿的计算与给付；在什么情况下可以免责；担保的形式；对违约金或定金的选择适用问题。

⑥ 解决争议的方式。主要约定解决争议是采用仲裁方式还是诉讼方式，需要注意的是，如果双方同意采用仲裁的形式解决纠纷，应按照《中华人民共和国仲裁法》的规定写清明确的条款。

⑦ 合同生效条款。双方在此约定合同生效时间；生效或失效条件；生效或失效期限；当事人要求变更或撤销合同的条件；合同无效或被撤销后，财产如何进行返还。

⑧ 合同中止、终止或解除条款。明确约定合同中止、终止或解除的条件；上述情形中应履行的通知、协助、保密等义务；解除权的行使期限；合同中止、终止或解除后，财产如何进行返还。

⑨ 合同的变更或转让。在此约定合同的变更与转让的条件或不能进行变更、转让的禁止条件。

⑩ 附件。在此说明本合同有哪些附件；附件的效力等。

案例2-9 中广置业鼓楼区华侨路××号××室存量房买卖合同

（ ）房买卖合同字号

签约须知

一、本合同适用于存量房屋买卖。

二、请用钢笔、签字笔等不易退变色且不易擦除的书写工具填写。

三、本合同的任何涂改，均应由甲乙双方在涂改处签署确认。

四、在"□"中打"√"表示选中，打"×"表示不选中。除违约责任可以复选中外，其他均为单选中。

五、本合同条款空白处由买卖双方商定填写。

六、请仔细斟酌第四条和第六条的具体含义，采取相应措施，以保护自己的合法权益，并以免侵害他人合法权益。

七、请仔细阅读面积误差特别提示和特别条款，以免引发纠纷。

八、通过经纪机构促成交易的，务必如实签填经纪栏内容，以切实保护自己的合法权益。

以上须知和本合同条款内容，请仔细阅读，以切实保证自身的合法权益。

南京市存量房买卖合同

甲方（卖方）：焦××

乙方（买方）：孟××

经纪机构：中广置业有限公司

甲、乙双方遵循平等自愿和诚实信用原则，经协商一致，就下列房屋买卖事项订立本合同。

第一条 甲方自愿将其房屋出售给乙方，乙方也已充分了解该房屋具体状况，并自愿买受该房屋。该房屋具体状况如下：

（一）坐落于南京市鼓楼区华侨路××号××室，建筑面积50平方米，房屋用途为住宅；

（二）出售房屋的所有权证证号为鼓改字第12345号，丘号为123456-I-8；

（三）房屋平面图及其四至范围见附件一；

（四）房屋占用范围内的土地使用权为 √ 出让取得，土地使用年限自2000年10月1日至2070年10月1日；× 划拨取得。

该房屋占用范围内的土地使用权随该房屋一并转让。

该房屋的相关权益随该房屋一并转让。

第二条 甲方保证已如实陈述上述房屋权属状况和其他具体状况，保证该房屋不受他人合法追索。

第三条 甲、乙双方经协商一致，同意上述房屋转让价款为人民币（小写）800000元，（大写）捌拾万元，其中含定金（小写）20000元，（大写）贰万元，尾款（小写）无元，（大写）无元。

第四条 乙方的付款方式和付款期限按下列约定：

√ 乙方同意在以下规定期限内将房屋转让价款解交南京市房地产交易市场设立的资金托管专用账户：

1. 2015年9月1日前将自有资金人民币（小写）240000元，（大写）贰拾肆万元解交托管账户。

2. 甲方同意乙方向工商银行申请个人住房抵押贷款，总额为人民币（小写）560000元，（大写）伍拾陆万元，用于支付房屋转让价款的余款。乙方同意于2015年9月15日前与贷款银行签订借款合同。同时委托银行将贷款资金全部划入南京市房地产交易市场托管资金专用账户。若乙方不能按计划贷足或者银行不同意贷款申请的，则转让价款的不足部分，乙方同意在银行贷款批准或者不批准之日起3日内以现金解交托管账户。

3. 甲方同意乙方自留尾款0元，不存入托管账户，在房屋交付时，甲、乙双方自行交割。

× 甲、乙双方同意以以下付款方式和付款期限支付房价款，并自行承担房屋转让价款安全的全部责任：

（注：不办理房屋转让价款资金托管的交易双方可选中该项，并商议填写相关内容）

经纪机构及其人员均应严格执行国家和地方政府有关规定，不得以任何形式代收代付房屋转让价款。

乙方未按规定支付房价款的，则按下列约定承担违约责任：

乙方无法以现金方式补足贷款资金不足部分的，甲乙双方同意解除本合同并撤销该房屋买卖的转移登记申请，同时乙方×不承担违约责任。√承担违约金肆仟元。

√乙方逾期支付房价款的，每逾期一天，按应付到期房价款的万分之四支付违约金。

√乙方逾期支付房价款超过十天，且所欠应付到期房价款超过伍仟元的，甲方有权解除本合同。甲方在解除合同后三天内将已收房价款退还乙方，所收定金不予退还；并有权要求乙方支付占总房价款百分之五的赔偿金。

第五条 甲、乙双方定于2015年9月20日时正式交付该房屋；甲方应在正式交付房屋前腾空该房屋。

双方定于2015年9月30日前向有关部门申请办理相关附属设施和相关权益的更名手续。

甲方应在房屋产权过户前将其落户于该房屋的户籍关系迁出。

甲方未按规定履行以上义务的，则按下列约定承担违约责任：

√甲方逾期交付房屋的，每逾期一天，按总房价款的万分之四支付违约金。

√甲方交付房屋的附属设施或装饰装修不符合约定的，按不符部分的×约定价值√评估价值×市场价格承担赔偿责任。

√甲方逾期交付房屋超过十天的，乙方有权解除本合同。甲方应在乙方解除合同后三天内将已收房价款和双倍定金返还乙方，并按总房价款的百分之五支付赔偿金。

第六条 甲、乙双方确认，虽然房屋所有权证未作记载，但依法对该房屋享有共有权的权利人均已书面同意将该房屋出售给乙方。

第七条 甲、乙双方同意，在本合同生效后十日内，共同向房屋权属登记机关申请办理房屋所有权转移登记：

√（经纪机构促成的交易适用）经纪机构应在甲乙双方申请办理房屋所有权转移登记前，按《南京市存量房网上交易管理办法》的规定为甲乙双方房屋所有权转移登记申请书的网上操作服务。

甲乙双方应在经纪机构的网上操作服务后3日内持申请书及其他登记资料向房屋权属登记机构申请房屋权属转移登记。

×（甲乙双方自行成交的适用）甲乙双方应在申请办理房屋权属转移登记前通过南京市房地产交易市场的网上操作服务打印房屋所有权转移登记申请书，并在3日内持申请书及其他登记资料向房屋权属登记机构申请房屋权属转移登记。

乙方领取《房屋所有权证》后，双方应按有关规定向土地管理部门申请办理该房屋土地使用权变更手续。

办理以上手续应当缴纳的税费，由√甲、乙双方按国家规定各自承担。

第八条 该房屋毁损、灭失的风险自√房屋正式交付之日√权利转移之日起转移给乙方。

第九条 该房屋自权利转移之日起三个月内被依法拆迁的（拆迁时间以乙方搬迁时间为准），双方按下列约定处理：

√房屋拆迁补偿款高于（含本数）本合同约定房价款的，甲、乙双方之间不因房屋拆迁产生新的权利义务；房屋拆迁款低于本合同约定房价款的，乙方有权要求甲方给予占差额％的经济补偿。

第十条 该房屋正式交付时，物业管理、水、电、燃气、有线电视、通信等相关杂费，按下列约定处理：

甲方结清已发生的费用，甲方已经预缴的费用，其权益由乙方享有，双方不再另行结算。

第十一条 甲方、乙方、经纪机构均自愿遵守《南京市存量房网上交易管理办法》有关规定，一方因违反《南京市存量房网上交易管理办法》有关规定给他方合法权益造成损害的，应承担相应的赔偿责任。

第十二条 本合同未尽事宜，甲、乙双方可另行订立补充条款或补充协议。补充条款或补充协议以及本合同的附件均为本契约不可分割的部分。

第十三条 本合同 ✓自甲乙双方签订之日 ✗自之日起生效。

第十四条 甲、乙双方在履行本合同中若发生争议，应协商解决。协商不成的，✗依法向人民法院起诉 ✓提交南京仲裁委员会仲裁 ✗提交仲裁委员会仲裁。

第十五条 本合同一式伍份。其中甲方留执贰份，乙方留执贰份，为申请房屋所有权转移登记提交房屋权属登记机关壹份。

第十六条 甲、乙双方约定补充条款如下：

附件一 房屋平面图和四至范围（略）

附件二 租赁、抵押、相邻等关系及其处理办法

1. 房屋出卖前已出租给王五，甲方负责在房屋交付前解除租赁关系，有关责任和费用由甲方承担。

2. 房屋出卖前已设定抵押权，担保债务贰拾万元。甲方负责在乙方支付第一期房款前解除抵押，并注销相应的抵押登记，有关责任和费用由甲方承担。

3. 房屋阳光权受华侨路××号大楼妨碍，其标准低于政府规定最低标准，乙方取得房屋后无权提出异议。

附件三 室内附属设施和装修情况

（一）附属设施

1. 水市政直供，户外独立水表。
2. 电 8kW，户外磁卡电表。
3. 燃气管道煤气。
4. 有线电视南京有线电视网。
5. 通信南京电信固定电话一门，网通10兆宽带到户。
6. 其他

①单元可视对讲门禁；②与物管连接户内紧急求救系统等

（二）装修情况

择其要点简要描述（略）

（此页无正文）

甲方（签章）：　　　　　　　　乙方（签章）：

证照/身份证号码：　　　　　　证照/身份证号码：

法定代表人：　　　　　　　　　法定代表人：

地址：　　　　　　　　　　　　地址：

联系电话：　　　　　　　　　　联系电话：
代理人（签章）：　　　　　　　代理人（签章）：
签约日期：　　　　　　　　　　签约日期：
经纪栏（以下适用于经纪机构促成的交易）
为甲、乙双方提供服务的经纪机构及其经办经纪人员如下：
经纪机构（签章）：
备案证书号码：
经纪人员（签章）：
执业证书号码：
主要服务内容：
面积误差特别提示和补充约定

因国家房产测量规范的调整等原因，甲方现持有的《房屋所有权证》记载的面积与交易后乙方领取的《房屋所有权证》记载的面积之间可能存在很大的差异。为了避免交易后因面积差异可能引起的纠纷，南京市房产管理局将于交易过户前为买卖双方免费复核面积（复核于二日内完成，交易大厅内设有测绘受理窗口）。

甲、乙双方对上述房屋面积误差已有充分了解和预见。双方经友好协商，达成一致，同意按下列第种方法处理：

1. 双方买卖房屋按套计价。双方自愿按房产测绘部门的面积复核成果申请权属登记，《南京市存量房买卖合同》中约定的房价款不再调整。

2. 房产面积测绘部门复核成果记载的房屋建筑面积为＿＿＿平方米。双方自愿按面积复核成果申请权属登记，并将《南京市存量房买卖合同》中约定的房价款调整为人民币＿＿＿元，且以调整后的房价款作为提交房屋权属登记机关的申报价格。

3.

甲方（卖方）：　　　　　　　　乙方（买方）：
日期：　　　　　　　　　　　　日期：

（4）计算机软件上签订合同

签订合同就是在双方协商拟定的合同上签字，应认真细致，确保无误。房地产买卖合同范本，见上述案例2-9中的合同文本；房屋租赁合同范本，见案例2-10。

案例2-10　房屋租赁合同范本

出租方（甲方）：
承租方（乙方）：
经纪机构：

根据国家有关法律、法规和本市有关规定，甲乙双方在自愿、平等、互利的基础上，就甲方将其房屋出租给乙方使用，乙方承租使用甲方房屋事宜，订立本合同。

一、房屋的坐落、面积

1. 甲方将坐落在＿＿＿市＿＿＿区＿＿＿路＿＿＿号＿＿＿＿＿＿出租给乙方使用。

2. 甲方出租给乙方使用的该房屋建筑面积共＿＿＿＿平方米。

二、租赁用途
1. 乙方向甲方承诺，租赁该房屋享有居住使用权。
2. 在租赁期限内，未事前征得甲方的书面同意，乙方不得擅自改变该房屋的使用用途。

三、租赁期限
1. 该房屋租赁期为＿＿＿年。自＿＿＿年＿＿＿月＿＿＿日起至＿＿＿年＿＿＿月日止。
2. 租赁期满，甲方有权收回全部出租房屋，乙方应如期交还。乙方如要求续租，则必须在租赁期满前的15天内向甲方提出书面意向，双方可以协商后重新签订新的租赁合同。

四、租金及支付方式
1. 该房屋的月租金为＿＿＿元整（大写：＿＿＿＿＿＿＿＿）。
2. 租金按三个月为壹期支付，第一期租金共计＿＿＿＿＿＿元（大写：＿＿＿＿＿＿＿）应于＿＿＿年＿＿＿＿月＿＿＿日前付清，以后的租金应于每期提前5天支付，先付后住。甲方在收到租金后应该给乙方开具一份正式收据。
3. 租金以现金方式支付，活动期为三天，三天后，每逾期一天，则甲方有权按月租金的0.5％收取滞纳金，如超过15天，则视为乙方违约甲方有权收回房屋，并追究乙方违约责任。

五、保证金
1. 为确保房屋及其所属设施之安全与完好及租赁期限内相关费用之如期结算，甲、乙双方同意本合同的保证金为＿＿＿＿＿元整（大写：＿＿＿＿＿＿＿＿）。
2. 乙方应于本合同签订时付清全额保证金。甲方在收到保证金后给乙方开具正式的收据。
3. 租赁期满后，乙方迁空、点清、交还房屋及设施，并付清所应付费用后，经甲方确认后应立即将保证金无息退还乙方。

六、其他费用
1. 乙方在租赁期限内，实际使用的水费、电费、煤气费及有线电视、保安、保洁费按人均分摊，空调使用期间，应多支付所产生的电费，并按账单如期缴纳。
2. 乙方应把已缴纳过的单据复印件交于甲方。

七、乙方的义务
1. 乙方在租赁期限内保证在该租赁房屋内的所有活动均能符合中国的法律及该地点管理规定，不做任何违法之行为。
2. 乙方应按合同的规定，按时支付租金及其他费用。
3. 未经甲方同意，乙方不能改变所租赁房屋的结构装修。
4. 未经甲方同意，乙方不得将承租的房屋转租，并爱护使用租赁的房屋及设备，如因乙方的过失或过错使房屋设施受到损坏，乙方应承担全部责任。
5. 乙方应按本合同的约定合法使用租赁房屋，不得擅自改变使用性质，不得存放危险品及国家明文规定的不合法物品，因此发生损害，乙方应承担全部责任。

八、合同终止及解除规定
1. 在租赁期限内甲、乙双方任何一方提前终止合同都需提前1个月通知，否则均构成违约。

2. 租赁期满后，乙方应及时将承租的房屋交还甲方，如有留置的任何物品，在未取得甲方的谅解之下，均视为放弃，可任凭甲方处置。

九、违约处理

1. 甲、乙双方任何一方如未按本合同的条款履行，导致中途终止合同，则视为违约，违约金双方同意为_____元整（大写：_____）若甲方违约，除退还给乙方的保证金外，还需支付给乙方上述金额的违约金；反之，若乙方违约，则甲方有权从保证金中扣除上述金额的违约金。

2. 凡在执行本合同或与本合同有关的事情时双方发生争议，应首先友好协商，协商不成，可向有管辖权的人民法院提起诉讼。

3. 房屋因不可抗力（如特大自然灾害、地震等）原因导致毁损和造成甲乙双方损失的，双方互不承担责任。

十、其他条款

1. 甲、乙双方要签署本合同时，具有完全民事行为能力，对各自的权利、义务、责任清楚明白，并愿按合同规定严格执行，如一方违反本合同，另一方有权按本合同规定索赔。

2. 本合同未尽事宜，经双方协商一致可订立补充条款，本合同及其补充条款和附件（设备清单）内空格部分填写的文字与铅印文字具有同等效力。

3. 本合同共有贰页，壹式两份，其中：甲、乙双方各执壹份，均有同等效力。签字即生效。

出租方（甲方）：　　　　　　　　承租方（乙方）：
身份证号码：　　　　　　　　　　身份证号码：
身份证地址：　　　　　　　　　　身份证地址：
联系电话：　　　　　　　　　　　联系电话：
日期：　　　　　　　　　　　　　日期：
签约地点：

经纪栏（以下适用于经纪机构促成的交易）

为甲、乙双方提供服务的经纪机构及其经办经纪人员如下：

经纪机构（签章）：
备案证书号码：
经纪人员（签章）：
执业证书号码：
主要服务内容：

4. 实施要领与相关经验

签订买卖（租赁）成交合同实训用时 1 天，签订合同 3～10 套。教师要指导学生填写实训进度计划表 1-1、考勤表 1-4 以及作业文件"综合实训项目学习活动任务单 005：签订买卖（租赁）成交合同操作记录表（表 2-25～表 2-29）"。

（1）约前准备要领

签约需要充分的准备，除前面 9 个方面的准备内容外，还需要掌握 3 个要领：

① 材料准备。包括：合同数份、黑色签字笔数支、印泥、合同附件数份、复印机无故障、税费计算准确等。

② 与客户、房主、签约工作人员、收款工作人员约定签约时间与地点，并提醒其需要携带的证件物品。房东需要携带：房屋权属证书、土地使用证书、身份证明（身份证、护照、军官证、警官证）、户口本、婚姻证明；客户需要携带：身份证明（身份证、护照、军官证、警官证）、户口本、婚姻证明。

③ 签定合同的过程控制。需要做到：完善仔细、速战速决。

（2）拟定合同条款要领

拟定合同条款需要充分沟通交易双方，房屋买卖交易的合同文本要采用当地房地产管理部门要求的示范合同文本。签订房屋租赁合同时可参照示范文本，也可由租赁双方自行拟订合同。合同中，特别应明确出租房屋的用途，不得擅自改变原使用用途。对于定金，一般约占房款的1％～3％。付款方式可以有多种组合，根据实际情况在合同中约定，按合同付款。签约后，付款要及时，房地产经纪人要加快此单的完成速度，以免客户总抱怨一张交易单子拖的时间很长。但房地产经纪人态度要热情、诚恳，决不能让客户觉得有催促的意思，要委婉地告知客户，晚交会有相应的违约责任。

经验2-24 签约的技巧

明确细节。落订签约时务必明确订金、主楼款、尾款的数额及支付时间，安排贷款、税费负担也要交代明白。

合同条款商洽技巧。在讨论合同条款时，对于一些较为敏感的条款，应在适当的时候说出来。过早提出，会使客户缩回去；过晚提出，客户会感到恼怒。对迟迟不下决定、对合同条款有异议的客户，要议价有节、谨慎从事、慎重使用压迫措施。一定要表现出经纪人的专业，经纪人在与客户的洽谈过程中，通过自己的专业服务，增强客户信赖，让他们产生信任感，这样谈起来就会很容易。

签约一定要坚持自己的立场，不要轻易做出让步，尤其是原则上的东西。

经纪人要善于引导买卖双方，让他们的思路跟自己走，不能让他们偏离主题太多。尽量避免谈一些无关紧要的话题，要抓紧时间，时间拖得越久，可能出现的问题就会越多。

在签约过程中，不要让买卖双方任何一方感到经纪人有偏袒，要客观地说一些事情，否则就可能会发生冲突。

切忌让买卖双方达成共识，矛头一起指向经纪人，如果是这样那谈合同就非常被动了，必要时候经纪人只能被迫做出让步。

在签单过程中，不能让买卖双方单独在一起，很容易跳单。

签约安排尽量紧凑，因为在签约过程中，每拖延一分钟都会出现新的问题，所以能用最短的时间签完的合同决不能拖。

交易双方一旦签订房地产买卖（租赁）合同，就可宣告成交，并对交易双方进行祝贺，收好合同。

经验2-25 签订二手房买卖合同的注意事项

（1）共有人的权利。房地产权利登记分为独有和共有。共有，指二个以上权利人共同拥有同一房地产，买卖房地产签订合同时，房地产权证内的共有人应在合同内签字盖章。原职工已购公有住房上市出售的，参加房改购房时的同住成年人应在合同中明确表示同意出售，并签字盖章；因故无法在合同内签字盖章的，应出具同意出售的其他证明。

（2）权益转移。出卖人将原购人的商品住房出售的，开发公司提供的住宅质量保证书和住宅使用说明书应一并转移给买受人，买受人享有"两书"规定的权益。

（3）房屋质量。质量条款是买卖合同的必要内容，买卖的房屋应能保持正常使用功能。房屋超过合理使用年限后若继续使用的，产权人应委托具有相应资质等级的勘察、设计单位鉴定。

（4）承租人优先购买权。买卖已出租房屋的，出卖人应当在出售前三个月通知承租人，承租人在同等条件下有优先购买权。如承租人放弃优先购买权，买受人购房后应继续履行租赁合同，并与承租人签订租赁主体变更合同。房屋租赁应收取的租金，房屋产权转移前归出卖人所有，转移后归买受人所有。

（5）集体所有土地上房屋的买卖对象。按住房和城乡建设部规定，集体所有土地上的居住房屋未经依法征用，只能出售给房屋所在地乡（镇）范围内具备居住房屋建设申请条件的个人。非居住房屋只能出售给房屋所在地乡（镇）范围内集体经济组织或者个体经济者。

（6）住房户口迁移。已投入使用的住房买卖，除房屋交接和权利转移外，住房内的原有户口是否及时迁出也会影响合同的履行。当事人可在补充条款内约定户口迁移条款。

（7）维修基金交割。房地产买卖合同生效后，当事人应将房地产转让情况书面告知业主管理委员会和物业管理单位，并办理房屋维修基金户名的变更手续，账户内结余维修基金的交割，当事人可在补充条款中约定。

（8）物业管理费、公用事业费具结。由于物业管理费和一些公用事业费（如有线电视、自来水、管道煤气等）是以房屋单位为账户的，所以签订二手房买卖合同还应注意对这些费用的具结方式、期限以及对房屋买卖的影响等进行约定。

（3）签订合同计算机实训软件操作

登录房地产多媒体教学软件的业务实训系统，根据实训4的交易配对与撮合成交，签订买卖（租赁）成交合同3～10个。

5. 作业任务及作业规范

（1）作业任务

实训5的作业任务是"签订买卖（租赁）成交合同"，具体内容见表2-24。

签订买卖（租赁）成交合同作业安排　　　　表2-24

日期	地点	组织形式	学生工作任务	学生作业文件	教师指导要求
		① 集中布置任务 ② 集中现场考察 ③ 小组上网 ④ 分小组讨论、策划	① 签约前的准备 ② 合同条款与定金 ③ 计算机软件上签订合同	签订买卖（租赁）成交合同方案	① 组织讨论 ② 指导业务过程 ③ 考核作业成绩

（2）作业规范

实训5的作业规范，见综合实训项目学习活动5：签订买卖（租赁）成交合同操作记录"题目19～题目21"。

综合实训项目学习活动任务单005：

签订买卖（租赁）成交合同
操作记录表（表2-25～表2-27）

题目19　合同文本条款拟定　　　　　　　　　　　　　　　　　　　　表2-25

操作内容	规范要求
合同文本条款拟定	（1）拟定合同条款需要充分沟通交易双方；（2）签约通常使用当地规范合同，而合同填写的约定要尽量详细，包括：房屋设施情况、付款（包括佣金）时间方式、过户时间、税费分担、物业交割、违约责任等；房地产买卖合同范本，见上述案例2-9中的合同文本；房屋租赁合同范本，见案例2-10。（3）描述在经纪企业的做法，根据实训4的配对促成，拟定其买卖（租赁）成交合同

注：可续页。

题目 20 签约准备与实施方案　　　　　　　　　　　　　　　　表 2-26

操作内容	规范要求
1. 签约准备工作	（1）准备合同文本；（2）材料准备：黑色签字笔数支、印泥、合同附件数份、复印机无故障、税费计算准确等；（3）与客户、房主、签约工作人员、收款工作人员约定签约时间与地点，并提醒其需要携带的证件物品；（4）描述在经纪企业的做法，根据实训 4 的配对促成，记录其签约准备

续表

操作内容	规范要求
2. 签约过程设计与实施	（1）买卖（租赁）双方当事人到场签订合同，若本人不能到来，应开具有效委托书；（2）核对签约所需相关证件资料，如出售房源带有租约，要有承租人放弃优先承购权的书面承诺；（3）严格按照经纪门店签约流程办理，避免错误的发生；（4）描述在经纪企业的做法，记录经纪门店1单签约的过程

注：可续页。

题目 21　计算机软件合同签订记录　　　　　　　表 2-27

操作内容	规范要求
软件合同签订记录	（1）利用软件对配对成功的交易，录入合同、签订合同、保存；（2）截图 10 个配对成功的合同签订的记录

6. 实训考核

主要是形成性考核。由实训指导教师对每一位学生这一阶段的实训情况进行过程考核，根据学生上交的作业文件"综合实训项目学习活动任务单 005：签订买卖（租赁）成交合同操作记录表（表 2-25～表 2-27）"3 个题目的完成质量，参照学生参与工作的热情、工作的态度、与人沟通、独立思考、讨论时的表现、综合分析问题和解决问题的能力、出勤率等方面情况综合评价学生这一阶段的学习成绩，把考核成绩填写在表 2-40 中。

实训6　佣金结算与售（租）后服务

1. 实训技能要求

（1）能够遵循房地产经纪类职业标准相关内容。
（2）能够在房地产经纪业务中体现工匠精神。
（3）能够进行佣金结算。
（4）能够做好税费计算与代办。
（5）能够做好款项交割或协助办理抵押贷款。
（6）能够协助房地产权属登记（备案）。
（7）能够进行房地产交验（交钥匙）。
（8）能够开展售（租）后延伸服务、改进服务与跟踪服务。

2. 实训步骤

（1）佣金结算。
（2）售（租）后服务：税费计算与代办。
（3）售（租）后服务：款项交割或协助办理抵押贷款。
（4）售（租）后服务：协助房地产权属登记（备案）。
（5）房地产交验（交钥匙）。
（6）延伸服务、改进服务与跟踪服务。

3. 知识链接与相关案例

（1）佣金结算

房地产经纪佣金是指具有独立地位和经营资格的房地产经纪人在房地产交易活动中为他人提供服务所得到的报酬。佣金一般是按照成交金额（包括买卖成交、租赁成交等）乘以一定的比率，不同服务不同比率，要具体情况具体分析。交易双方一旦签订房地产买卖（租赁）合同，实现经纪合同所约定的"交易达成"事实，房地产经纪人应及时与交易双方进行佣金结算，落袋为安，谨防客户赖账。佣金金额和结算方式应按经纪合同的约定来确定。

（2）售（租）后服务

售（租）后服务是房地产经纪机构提高服务，稳定老客户、吸引新客户的重要环节。促成交易、签订合同后，虽然已完成了房地产经纪业务的全过程，但为了今后业务的延续，房地产经纪人应当还要留给客户最后的良好印象，那就是售（租）后服务，使客户感到购（租）房后的满足。有时可能会因为一些细节没有让客户满意，受到投诉，一定要及时解决。要以客户服务为宗旨，注重社会效益和经济效益。房地产经纪售（租）后服务内容有4个方面：

① 咨询业务，如交易后客户提出的新问题咨询。
② 代办业务，如按揭贷款、权证过户等。
③ 房地产交验，交钥匙。是房地产交易过程中容易暴露问题和产生矛盾的一环，经纪人要积极策划，事先做好应对预案。
④ 延伸跟踪服务。尽管交易和常规的售（租）后服务完成了，但不能此后就不再与客户联系，经纪人仍要热情跟踪服务，它将会为经纪人带来更多的新商机。

（3）售（租）后服务：税费计算与代办

① 房地产税与费。A. 房地产税是指直接或间接以房地产或与房地产有关经济行为为对象而征收的税。房地产税收贯穿于房地产开发、经营、销售、消费全过程。我国目前征收的房产税包括房产税和契税，土地税主要有土地使用税、土地增值税、耕地占用税等，其他与房地产紧密相关的税种有固定资产投资方向调节税、营业税、城市维护建设税、教育附加税、印花税等。B. 房地产费，是指在房地产的开发、经营活动中所产生的税以外的其他费用。房地产费具有管理性、服务性和补偿性的特征。

② 税费计算。一般是在交易前为交易双方估算各自应该缴纳的税费，交易后根据成交合同的具体成交数额精确计算交易双方各自应该缴纳的税费金额。房地产经纪业务涉及的具体税费项目见表2-28。

房地产经纪业务涉及的具体税费项目   表2-28

房地产经纪业务		涉及的税费项目
房地产买卖		契税、印花税、营业税、城市维护建设税、教育费附加、个人所得税、土地增值税、权证费、产权登记费、交易手续费
房地产租赁	个人	营业税、城市维护建设税、房产税、个人所得税、印花税
	企业	营业税、城市维护建设税、房产税、印花税、企业所得税
房地产赠与、继承		契税、印花税、公证费、权证费、产权登记费
个人拥有房地产营业		房产税、城镇土地使用税

③ 房地产交易税费转嫁。是指房地产交易过程中，纳税人将应由自己负担的税费转嫁给交易对方的一种现象。税费转嫁可能有两种情况：顺转和逆转。当房地产市场供不应求时，房地产买卖、租赁环节的税收，一般会较多地发生顺转，即税费负担转给购房人和承租人。

④ 税费代办。指签订交易合同后，经纪人受客户委托代为缴纳各种税费。

(4) 售（租）后服务：款项交割或协助办理抵押贷款

① 款项交割，是指购（租）房者按照交易合同规定的付款方式，在规定的时间支付房款或租金。不能一次性用现金付清房款的客户，需要办理银行抵押贷款。

② 二手房按揭贷款。是指购房人以在住宅二级市场上交易的楼宇作抵押，向银行申请贷款，用于支付购房款，再由购房人分期向银行还本付息的贷款业务。

③ 申请二手房贷款的条件。A. 年满18周岁，具有完全民事行为能力，具有城镇居民常住户口和合法有效的居留身份证明；B. 申请人有稳定的合法收入，有还款付息的能力；C. 借款人同意以所购房屋及其权益作为抵押物；D. 所购房屋的产权明晰，符合当地政府规定的可进入房地产市场流通的条件；E. 所购房屋不在拆迁公告范围内。

④ 申请二手房按揭款须提交的资料。A. 买卖双方提交的资料：买卖双方填写的《购房抵押贷款申请表》；买卖双方签订的《购房意向书》。B. 购房人（借款人）提交的资料：收入证明（单位收入证明，并可选择提供存款证明、有价证券、其他房地产证明及其他收入证明）；身份证和户口簿及婚姻状况证明；配偶身份证；若购房人为企业法人的，须提供企业法人营业执照、法定代表人证明书、公司章程、验资报告及近期财务报表和贷款证等有关证件资料；若购房人无该市常住户口，除上述资料外，须提供暂住证及该市房地产交易中心开具的证明文件。C. 售房人提交的资料：售房人（含共有人）身份证、户口簿

或受委托人公证委托书和身份证；房屋共有人同意出售的书面文件；所售房屋的产权证明文件；若房屋已出租，须提供租户的证明文件及同意出售的文件；若售房人为企业法人，须提供有效的企业法人营业执照、法定代表人证明书等有关文件（若所转让房产为国有资产，还须提供国有资产管理部门同意转让的证明文件）。

⑤ 协助办理抵押贷款。指房地产经纪人协助不能一次性用现金支付房款的客户办理银行抵押贷款。贷款主要流程见图2-8。

（5）售（租）后服务：协助房地产权属登记（备案）

① 房地产权属登记（备案），是指房地产行政管理部门代表政府对房地产所有权和使用权以及由上述权利产生的房地产他项权利进行登记，从而依法确认房地产权归属关系的行为。房地产权属登记是保障房地产权利人合法权益的基本手段。

图2-8 购房贷款主要流程

② 房屋所有权的初始登记，是指新建房屋的权属登记。房屋所有权的登记应按照以下程序进行：申请→审查→登记入册、颁发证书。

③ 房屋所有权的变更登记，一般发生在以下情形：因房屋买卖、赠与、继承、调拨等情况引起产权人变更的；因房屋改建、扩建、翻建、添加附属设施或部分拆除引起房屋变化的；因房屋产权人姓名、名称、地址等变化的；因设定他项权利，如设定典权、抵押权变化的；注销登记的。变更登记的程序为申请→审查→变更登记→换证。

④ 协助房地产权属登记（备案）。房地产经纪人要协助购房者按"初始登记流程（商品房）"或"变更登记流程（二手房）"办理房地产权属登记（备案）。

（6）售（租）后服务：房地产交验（交钥匙）

① 房地产交验（交钥匙）。指在合同规定的房屋交验日，经纪人将陪同购房者（承租方）进行房屋现场交验，协助验收房屋内有关家具、电器等设施，双方填写《房屋交验单》，向购房者（承租方）交付房屋钥匙。房地产经纪人要根据所交易房屋的产权性质安排好物业交验的时间。要在过户前做物业交验，并开出物业水、电、煤气、有线电视、宽带等费用的结清证明。

② 买房者验房的内容主要包括以下4点：物业是否与合同约定的一致；物业里的家具等是否已搬空；物业钥匙是否已交付；有关物业费用换出方是否已结清。验房后，要注意结清相关的结算费用。

③ 租房者验房的内容：物业是否与合同约定的一致；家电、家具等是否与合同相符；钥匙是否已交付；水、电、煤气表数字；有关物业费用出租方是否已结清。

（7）延伸服务、改进服务、跟踪服务

① 延伸服务。指提供除正常售（租）后服务内容以外的与房地产相关的服务，比如：房屋装修、装饰、物业管理等。

② 改进服务。指分析总结已经提供的售（租）后服务的经验和教训，特别是不足之处，提出改进措施，以提高后续的服务质量。

③ 跟踪服务。在完成本次买卖（租赁）之后，中介公司的经纪人仍将以跟踪服务的形

式为客户提供多方位的服务，并进行定期回访，了解客户当前的需要，及时给予服务满足。

4. 实施要领与经验

佣金结算与售（租）后服务实训用时1天。教师要指导学生填写实训进度计划表1-1、考勤表1-4以及作业文件"综合实训项目学习活动任务单006：佣金结算与售（租）后服务操作记录表（表2-34~表2-35）"。

（1）佣金结算要领

① 佣金数额。房地产经纪活动是有偿服务，在房地产经纪机构（或经纪人）完成所委托的业务后，委托人应支付相应的酬劳。佣金数额的确定方式：一是固定费率、二是固定费额，以固定费率为主。根据不同销售任务、委托内容，佣金比例按照总收入的1%~2%支付。

② 佣金支付。如销售代理支付方法：销售任务达到30%时，按照回款数支付代理费的50%；销售任务完成50%时，按照回款数支付代理费的70%；销售任务达到80%时，按照回款数支付代理费的85%；余款销售任务完成时一次付清。

③ 在计算机实训软件上对实训5中的买卖（租赁）成交合同（3~10个）进行佣金结算。佣金按门店统计结果见图2-9。

序号	名称	佣金	区域	周边小区
1	栖霞店	308.396	仙林	东方天郡
2	鼓楼店	237.132	湖南路	青年广场
3	下关店	168.862	城北	幕府小区
4	建邺店	125.656	莫愁湖	万达广场
5	浦口店	119.68	江北	浦口新城
6	白下店	96.744	瑞金路	瑞金小区
7	雨花台店	79.056	城南	阅城国际
8	玄武店	78.976	玄武湖	玄武小区
9	江宁2	14.8	东山	改革
10	江宁店	4.7	百家湖	百家湖…
11	建邺2	3.5	河西	创新
12	秦淮店	0	夫子庙	中华小区

图2-9 门店佣金统计结果

（2）税费计算与代办要领

① 商品房交易税费负担：购买方主要税费负担见表2-29。出售方主要税费负担见表2-30。

购买方主要税费负担　　　　　表2-29

税种	计税依据	房屋类型	税率	
			个人	单位
契税	合同金额	非住宅	3%	3%
		非普通住宅	3%	
		普通住宅	1.5%	
印花税	合同金额		0.05%	
交易手续费	合同金额	住宅	3元/m²	
		非普通住宅	6元/m²	
		非住宅	6元/m²	
注册登记费	产权登记费	套	住宅	产权登记费80元/户
		件	非住宅	每件550元
	权证工本费	本		向一个以上权利人发放时，每加一本权证，增加工本费10元
	权证印花税	本		权证印花税5元/本

出售方主要税费负担 表 2-30

税种	计税依据	税率	
营业税	销售收入	税率5%	
城建税、教育附加	营业税	城建税纳税人所在地在市区的，税率为7%，纳税人所在地在县城、镇的，税率为5%；纳税人所在地不在市区、县城或镇的，税率为1%；教育费附加率为3%	
印花税	合同金额	0.05%	
交易手续费	建筑面积	住宅	3元/m²
		非住宅	6元/m²
销售代理服务费（若委托销售）	具体收费由中介机构与委托方协商确定		

② 二手房交易税费负担。二手房交易双方的税费负担情况与商品房大致相同，但有所区别，下面是以南京为例的二手房交易双方的税费负担情况。二手房购买方税费负担见表 2-31。二手房出售方税费负担见表 2-32。

二手房购买方税费负担 表 2-31

税费名称	税费率
印花税	0.05%
契税	普通住宅1.50%；非普通住宅3%
交易手续费	住宅：人民币3元/m²
	非住宅及非普通住宅：人民币6元/m²
土地出让金（划拨土地的房地产转让须补缴，如房改房上市等）	土地等级对应的出让金缴纳标准×分摊的土地面积×年期修正系数（具体参见附表后）
产权登记及工本费	住宅：80元+5元（产权印花税）/本
	非住宅：按面积A：A≤500，200元；500<A≤1000，300元；1000<A≤2000，500元；2000<A≤5000，800元；A>5000，1000元；另收产权印花税5元/本
共有权工本费	10元/本
他项权工本费（有抵押的）	10元+5元（产权印花税）/本
地产交易手续费	住宅交易一般为：50元
评估费（若抵押贷款）	100万以下部分0.42%，100万以上至500万部分0.3%，500万以上至2000万部分0.42%
保险费（若公积金贷款需要缴纳）	房价×保险费率×年数
中介服务费（分档累进）	50万以下1%（浮动范围±25%）
	50万~100万 0.7%（浮动范围±25%）
	100万~200万 0.4%（浮动范围±25%）
	200万以上 0.25%（浮动范围±25%）

二手房出售方税费负担　　　　　　　表 2-32

税费名称	税费率
印花税	0.05%
交易手续费	住宅：人民币 3 元/m²
	非住宅及非普通住宅：人民币 6 元/m²
地产交易手续费	住宅交易一般为：50 元
营业税及附加（也称综合税，包括营业税、城市维护建设税和教育费附加）	五年以内住宅：售价×5.6%
	非住宅及五年以上非普通住宅：（出售价－购入价）×5.6%
个人所得税	不能精确计算房屋原值和应纳税额的，按总价×1%
	（转让收入－财产原值－合理费用）×20%
土地增值税	非住宅：（转让收入－扣除项目金额）×四级累进税率
	非普通住宅：居住未满 3 年（转让收入－扣除项目金额）×四级累进税率；居住满 3 年（含），未满 5 年，减半征收；居住满 5 年（含），免征。
中介服务费（分档累进）	50 万以下 1%（浮动范围±25%）
	50 万～100 万 0.7%（浮动范围±25%）
	100 万～200 万 0.4%（浮动范围±25%）
	200 万以上 0.25%（浮动范围±25%）

经验 2-26　普通住宅和非普通住宅税费区别

个人所得税：成交价×1%。普通住宅满 5 年（含 5 年），且为卖方家庭唯一住房，免征。非住宅（无年限制）按成交价的 1%征收。转让受赠住房一律按差额的 20%征收。直系赠与、看老证，满 5 年免征。

营业税：成交价×5.6%。普通住宅满 5 年（含 5 年）免征。普通住宅未满 5 年，全额征收。非普通住宅满 5 年，差额征收。非普通住宅未满 5 年，全征。

契税：成交价×1%，90m² 以下的普通住宅，若买方不是唯一住房的按成交价 3%征收。成交价×1.5%，90m² 以上，144m² 以下普通住宅，若查实买方不是唯一住房的按成交价 3%征收。成交价×3%（144m² 以上含 144m²）。

土地收益金：成交价×0.5%，房改房征收。

土地增值税：成交价×1%，普通住宅免征。非普通住宅，全征（无年限制），"增值额"×30%征收。

印花税：成交价×0.05%。普通住宅类，暂免。赠与，非普通住宅，征收（双方各 0.05%）。

转让手续费：面积×2.5 元/m²，已购公房（房改房、直管公房、安居房、经济适用房、集资建房）。面积×6 元/m²，商品房。面积×8 元/m²，别墅及非普通住宅产权转移登记费：80 元/本；普通住宅及配套车库，550 元/本；非普通住宅及不配套车库，10 元/本，共有权证。

（3）款项交割或协助办理抵押贷款要领

① 款项交割上，房地产经纪人要提醒、督促购（租）房人按合同及时履约，否则视为违约，要承担违约责任。② 协助办理抵押贷款，房地产经纪人要协助委托人按流程办事。第一步是贷款申请及初步评估，手续和文件：交申请表，卖方产权证（复印件）、买方收入证明及身份证复印件（核对原件）；房屋估价；交购房意向书。第二步是资料调查、贷款批复及贷款受理，手续和文件：调查及审批；初步回复（贷款额及年限）；签购房抵押贷款合同；预签保单。第三步是房屋抵押登记，手续和文件：到房管局办理（带备产权证、身份证原件）。

（4）协助房地产权属登记（备案）要领

房地产经纪机构要代理委托人办理房地产权属登记（备案），但在房地产居间业务中除非交易当事人正式委托代办事宜，否则，房地产经纪机构不能亲自代理委托人进行房地产权属登记备案，只能协助其办理相关手续。

（5）房地产交验（交钥匙）要领

在房屋交验时，应注意以下几点：

① 交验时间：《房屋租赁合同》规定日期。

② 交验内容：装潢设施、家具、家电、水、电、煤气表数字、钥匙、其他相关物品。

③ 交验方式：工作人员陪同承购（承租）方当面进行交验。

⑤ 交验手续：填写《房屋交验单》。

经验 2-27　物业交验不可省略

购买房屋一定要有正规的物业交验过程，并且不要一次性支付全款给业主。先支付部分房款，在双方完成物业交验，保证物业交验的费用结清及房屋的验收工作后再支付剩余房款。如中广置业公司，就会协助购房者与业主双方在房屋现场进行物业交验，并要求双方在交验当天填写《物业交验单》，确认签字无误后才会代购房者向业主支付购房尾款。

（6）延伸服务、改进服务与跟踪服务要领

① 延伸服务，为买方进一步提供装修、家具配置、搬家等服务。

② 改进服务，了解客户对本次交易的满意程度，对客户感到不满意的环节进行必要的补救。

③ 跟踪服务，了解客户是否有新的需求意向，并提供针对性的服务。

经验 2-28　房地产经纪人的售（租）后服务要点

完善客户资料的登录。客户的信息资料是经纪人的主要工具之一，也是进行售后服务的第一步。经纪人通过建立客户的档案，与客户保持良好的业务延续关系，这就是一笔财富。成交档案内要写清楚物业地址、成交金额、买卖双方的名字以及生日，以及购房目的。交易记录：委托交易的编号、时间；客户来源；推荐记录、看房记录、洽谈记录、成交记录；有无委托其他竞争对手等。

做好代办事务。经纪人促成交易后，客户还有一些善后事务需要处理，经纪人利用自己的专业知识与业务关系为客户尽一些其他业务，可能会成为新一轮业务的延伸。

保持与客户的联系。经纪人与客户继续保持联系，不断发展和积累与顾客的感情。成功经纪人的后面总是跟着一批固定客户，其中的主要原因就是他与客户建立了良好的固定关系。方法有：常拜访客户，与客户沟通信息和感情；帮助客户做一些表面与业务无关的其他私人事务；逢年过节坚持给客户写信函、明信片或寄赠其他礼物。

5. 作业任务及作业规范

（1）作业任务

实训6的作业任务是"佣金结算与售（租）后服务"，具体内容见表2-33。

佣金结算与售（租）后服务作业安排　　　　　　　　　　　　　　表2-33

日期	地点	组织形式	学生工作任务	学生作业文件	教师指导要求
		①集中布置任务 ②集中现场考察 ③小组上网 ④小组讨论、策划	研讨项目任务 ①计算机实训软件佣金结算 ②税费计算与代办 ③款项交割、协助办理抵押贷款 ④协助房地产权属登记（备案） ⑤房地产交验（交钥匙） ⑥延伸服务、改进服务、跟踪服务	佣金结算与售（租）后服务方案	①组织讨论 ②指导业务过程 ③考核作业成绩

（2）作业规范

实训6的作业规范，见综合实训项目学习活动6：佣金结算与售（租）后服务操作记录"题目22～题目23"。

综合实训项目学习活动任务单006：

佣金结算与售（租）后服务

操作记录表（表2-34～表2-35）

题目22　计算机实训软件佣金结算记录　　　　　　　　　　　　表2-34

操作内容	规范要求
1. 佣金结算依据	（1）佣金数额：按照成交金额（买卖、租赁）乘以一定的比率，经纪合同有约定；（2）佣金支付：实现经纪合同所约定的"交易达成"事实，应及时与交易双方进行佣金结算；（3）根据10个配对成功的合同，列出佣金金额和结算方式

续表

操作内容	规范要求
1. 佣金结算依据	

续表

操作内容	规范要求
2. 实训软件佣金结算	（1）在计算机实训软件上对实训5中的买卖（租赁）成交合同进行佣金结算，列出佣金结算表或截图；（2）佣金按门店统计结果，排行榜截图

注：可续页。

题目23 售（租）后服务方案   表2-35

操作内容	规范要求
1. 交易税费负担计算	（1）对实训5中的买卖（租赁）成交合同进行商品房交易税费负担计算：购买方主要税费负担见表2-29，出售方主要税费负担见表2-30，二手房购买方税费负担见表2-31。二手房出售方税费负担见表2-32；（2）列出计算结果表

续表

操作内容	规范要求
2. 售(租)后服务	（1）售（租）后服务：咨询业务、款项交割或协助办理抵押贷款权属登记（备案）等代办业务、房地产交验交钥匙、延伸跟踪服务；（2）描述在经纪企业的做法，记录经纪门店1单合同的售（租）后服务内容（交易双方）

6. 实训考核

主要是形成性考核。由实训指导教师对每一位学生这一阶段的实训情况进行过程考核，根据学生上交的作业文件"综合实训项目学习活动任务单006：佣金结算与售（租）后服务操作记录表（表2-34、表2-35）"2个题目的完成质量，参照学生参与工作的热情、工作的态度、与人沟通、独立思考、讨论时的表现、综合分析问题和解决问题的能力、出勤率等方面情况综合评价学生这一阶段的学习成绩，把考核成绩填写在表2-40中。

实训7 房地产经纪综合实训总结与经验分享

1. 实训技能要求

（1）能够进行房地产经纪实训总结。

（2）能够做好房地产经纪实训经验分享。

2. 实训步骤

（1）房地产经纪实训总结。

（2）房地产经纪实训分享。

3. 实训知识链接与相关案例

（1）总结

是对过去一定时期的工作、学习和思想情况进行回顾、分析，并做出客观评价的书面材料。按内容分，有学习总结、工作总结、思想总结等；按时间分，有年度总结、季度总结、月份总结等。和其他应用文体一样，总结的正文也分为开头、主体、结尾三部分，各部分均有其特定的内容。

①开头。总结的开头主要用来概述基本情况。包括实训名称、性质、主要任务、背景、指导思想，以及总结目的、主要内容提示等。作为开头部分，要注意简明扼要，文字不可过多。

②主体。这是总结的主要部分，内容包括业务内容和做法、经验和教训、今后打算等方面。这部分篇幅大、内容多，要特别注意层次分明、条理清楚。

③结尾。结尾是正文的收束，应在总结经验教训的基础上，提出今后的方向、任务和措施，表明决心、展望前景。这段内容要与开头相照应，篇幅不应过长。有些总结在主体部分已将这些内容表达过了，就不必在结尾处再写。

（2）房地产经纪实训总结

就是对整个房地产经纪综合实训情况进行回顾、分析，并做出客观评价。房地产经纪实训总结的写作方法与上面提到的其他总结的写作方法类似，同样要求：突出重点、突出个性、实事求是。

案例 2-11 王××同学华硕门店的实训总结

一、实训基本情况

1. 实训时间：

2012年5月30日—2012年6月10日。

2. 实训地点：龙腾数码广场宏普电子华硕专卖。

二、实训目的

了解产品营销，增加我们的工作经验，锻炼我们的实践能力。

三、实训过程和内容

在实训过程中，有苦也有甜。甜的是又认识了一些朋友，从中了解了很多很多有关电脑方面的知识，这些都是在书本上没有的东西。苦的是每天站的时间比较多，刚开始有点不适应。

还记得第一天到龙腾的时候，心中有一点小激动，期待着实训是多么的美好。这也是一次很好的接触社会的机会，期望着我们可以通过这次实训提升自己的能力，学习到很多在课堂上学不到的知识，结果我确实学到了很多。

实训的第一天，大家都兴致勃勃地来到龙腾数码广场，门还没开，在外面等老师过来带我们进去分配店铺，在校老师也教了我们一些IT产品营销的基础知识，一句话就是："建立起客户对你的产品认识"。销售员工作主要是卖出电脑。实习的前阶段是见习，在此阶段基本上是干打扫工作，招揽客人，了解产品的情况，利用领导传授销售员经验时认真听讲。记住每个品牌的最低价和性能比，是对工作最起码的尊重，店长一听到你能知道他店里机器的情况，就会觉得你重视他，会产生一种信任感。由于平时跟销售员走得比较近，对销售员的了解也更多，感触也更多。销售真的是一件非常复杂的工作，无论是机器还是顾客还是店长，都必须付出一定的努力和使用一定的方法，才能销售出一台机器，价格也达标。来店里的顾客有一定的特殊性，基本上是大学生，或是白领等。（当时的心情真的很激动，心因为第一次实训的感觉变得忐忑，但后来的一切使我失望了。因为第一天到店长只是吩咐了我们一些基本注意的事项和所要遵守的店规。这让我们的积极性遭到了打击。不能坐，只能站着，吃饭不能吃太久，不能上网，不能玩手机，我们就在这样的情况下度过了实训的第一天）

实训的第二天，早上8：30上班，我们很准时到店里，首先我们把柜台擦干净，并且打扫店面，然后帮店里的店员一起摆放笔记本，接着我们站在店门口，当有来往顾客的时候，我们就会叫住顾客说："联想笔记本、台式机，进来看看"。顾客进来店里后，店里的店员就会给他们介绍各款笔记本的配置及性能，我们就在旁边看他怎么给顾客推销电脑，店员对顾客的问题都能很好地回答，给顾客满意的服务，然后顾客就会买下电脑。但是也有好多次，店员说了很多，顾客还是说看看其他的牌子。我们店里的技术员也很忙，经常会有顾客来店里维修电脑和重装系统，技术员就会很耐心地为他们服务，然后我们也会在旁边看他熟练地为他们解决问题。

接下来的几天也都差不多在这样的日子中度过，每天做做清扫的工作，无聊时看看来来往往的客人。

有时也会和对面的同样在实训的同学打声招呼，或者和他们说上几句话。但在和店里的销售人员熟悉后，这样的日子终于被打破了，我们不再无聊。不过也没和他们聊一些无趣的事，我们聊的是他们的一些工作经验。

实训的第二个星期，我们在店里跟老板和店员更熟了，我们在店里招揽顾客，帮助店员，学习店员怎么向顾客介绍电脑。

经过两周的销售，有不懂的请教老员工，没有客人的时候我会去熟悉各种型号的电脑，因为只有自己熟悉业务才能为客人服务更周到。

还有一条感慨就是：之前查阅的资料也许用上的只有0.1%，只有熟悉产品操作才是硬道理。也许站在柜台前会很累，但是能够学到看到更多的东西，比如可以了解顾客的需求，什么机型以及材质、颜色最受欢迎，这些是最权威的一手信息。

其次，柜台本身的形象，货品的陈列等都是讲究艺术性的。和客户的交谈也要自然简洁，有时候不能回答的问题，可以让主管来回答，不知道的千万不要乱说，这是我的学习经验，自己不知道的，客人当然也不会特意刁难你。

两周的销售实训，其实是一个不断学习与成长的过程。实训最后一天，店长又亲切地和我们聊天，问我们这些天的实训有什么收获，我们和店长还有店员一起分享了我们的实训体会，之后，店长就叫我们提前结束了为期12天的实训。

四、实训心得

通过此次实习，让我学到了很多课堂上根本学不到的东西，仿佛自己一下子成熟了，懂得了一些做人做事的道理，也懂得了学习的意义，时间的宝贵，人生的真谛。

明白生活不可能都是一帆风顺的，要勇敢去面对人生中的每个驿站！

这让我清楚地感到了自己肩上的重任，看清了自己的人生方向，要有一种平和的心态和不断求知的精神，不管遇到什么事都要认真地去思考，多听别人的建议，不要太过急躁，要对自己所做事去负责，不要轻易地去承诺，承诺了就要努力去兑现。

我知道工作是一项充满热情的事业，并且要有持之以恒的品质精神和吃苦耐劳的品质。

  我觉得重要的是在这段实习期间里，我第一次真正融入了社会，在实践中了解社会掌握了一些与人交往的技能，并且在此期间，我注意观察了前辈是怎样与上级领导交往，怎样处理同事之间的关系。利用这次难得的机会，也打开了视野，增长了见识，为我们以后进一步走向社会打下坚实的基础。实习期间，我从未出现无故缺勤。

  我勤奋好学、谦虚谨慎，认真听取老师的指导，对于别人提出的工作建议虚心听取。并能够仔细观察、切身体验、独立思考、综合分析，并努力把学到的知识应用到实际工作中，尽力做到理论和实际相结合的最佳状态。实训培养了我执着的敬业精神和勤奋踏实的工作作风。也培养了我的耐心和心理素质。能够做到服从指挥，与同事友好相处，尊重主管，工作认真负责，责任心强，能保质保量完成工作任务。并始终坚持一条原则：要么不做，要做就要做最好。

  回想自己在这期间的工作情况，不尽满意。对此我思考过，学习经验自然是一个因素，然而更重要的是心态的转变没有做到位。现在发现了这个不足之处，应该还算是及时吧，因为我明白了何谓工作。在接下来的日子里，我会朝这个方向努力，我相信自己能够把那些不该再存在的"特点"抹掉。感谢老师在这段时间里对我的指导和教诲，我从中受益匪浅。不仅电脑性能知识增长了，最主要是懂得了如何更好地为人处事。当今社会一直处在加速的发展变化中，所以对人才的要求也越来越高，我们要用发展的眼光看问题，就要不断提高思想认识，完善自我。可以说，近半个月的工作使我成长了不少，从中有不少感悟，下面就是我的一点心得：

  第一是要真诚：绝不可以忽略真诚的力量。来到店里的第一天，只见几个陌生的脸孔用莫名而疑惑的眼神看着我。我微笑着和他们打招呼，尴尬的局面立刻得到了缓解，大家都很友善地微笑欢迎我的到来。从那天起，我养成了一个习惯，每天早上见到他们都要微笑着说声："老板早"，那是我心底真诚的问候。我总觉得，经常有一些细微的东西容易被我们忽略，比如轻轻地一声问候，但它却表达了对主管同事、对朋友的尊重关心，也让他人感觉到被重视与被关心。仅仅几天的时间，我就和老板、店员打成一片，很好地跟他们交流沟通学习，我想，应该是我的真诚，换得了他们的信任。他们把我当朋友也愿意指导我。

  第二是沟通：要想在短暂的实习时间内，尽可能多地学一些东西，这就需要跟老板有很好的沟通，加深彼此的了解，跟主任建立起很好的沟通是很必要的。同时我觉得这也是我们将来走上社会的一把不可或缺的钥匙。通过沟通了解，老板对我有了大体的了解，在这次的实训中，我真正学到了教科书上所没有的知识，拥有了实习经验，这才真正体现了知识的真正价值，学以致用。

  第三是激情与耐心：激情与耐心，就像火与冰，看似两种完全不同的东西，却能碰撞出最美丽的火花。做IT产品营销时，需要你有耐心去实事求是，而你的耐心就要用到不断学习的新知识，提高自己的专业水平。在一些具体的工作当中也是这样的。在这里实践后，才算是真正的掌握了，也让我认识到了自己的不足，告诫自己，不管做什么，切忌眼高手低，要善于钻研。老师说对学生都要认真负责，具有基本的专业素养，因为认真负责是做好每一件事情所必备的基本条件，基本的专业素养是做好工作的前提。

  第四是要有坚持不懈的精神：作为在校生，我们不管到哪家公司，一开始都不会立刻给工作让我们做,一般都是先让我们熟悉公司的工作环境,时间短的要几天,时间长的要几周,或更长的时间,在这段时间里很多人会觉得很无聊,没事可做,便会产生离开的念头,在这个时候我们一定要坚持,不能轻易放弃。

第五是要勤劳,任劳任怨:我们到龙腾数码广场实训,由于我们不是正式职员,所以店里的人员多数是把我们当学生看待。在此期间一般不会给我们什么重要的工作去做,可又不想让我们闲着,因此,他们会交给我们一些比较简单的工作。与此同时,我们应该自己主动找一些事情来做,从小事做起,刚开始也只有这样。

第六是要虚心学习,不断求知:在工作过程中,我们肯定会碰到很多的问题,有很多是我们所不懂的,不懂的东西我们就要虚心向店员请教,当别人教我们知识的时候,我们也应该虚心地接受。同时,我们也不要怕犯错。每一个人都有犯错的时候,工作中第一次做错了不要紧,重要的是知错能改。

第七是要确立明确的目标,并端正自己的态度:平时,我们不管做什么事,都要明确自己的目标,就像我们到龙腾数码广场实训以后,要知道自己能否认真做好实训,关键是看你自己对待工作的态度,态度对了,即使自己以前没学过的知识也可以在工作中逐渐掌握。

因此,要树立正确的目标,在实现目标的过程中一定要多看别人怎样做,多听别人怎样说,多想自己应该怎样做,然后自己亲自动手去多做。只有这样我们才能把事情做好。

实训已经结束,我又要开始学习生活了。在三年的大学生活里,我还需要做好很多事情,大学里的点点滴滴,必定是我人生的一笔财富。在今后的学习和生活中,我将继续学习,深入实践,不断提升自我,努力创造业绩,继续创造更多的价值!

(3) 房地产经纪实训分享

就是对房地产经纪综合实训中的收获与感悟、经验与教训与全部同学们一起分享,共同提高,放大本次实训的效果。

4. 实施要领

房地产经纪实训总结与分享用时1天。教师要指导学生填写实训进度计划表1-1、考勤表1-4以及作业文件"综合实训项目学习活动任务单007:房地产经纪实训总结与经验分享操作记录表(表2-37、表2-38)"。

(1) 房地产经纪实训总结要领

撰写房地产经纪实训总结应注意的问题:

① 要有实事求是的态度。实训总结中,不能只讲收获,不谈问题,这不是实事求是的态度。总结要如实地、一分为二地分析、评价自己的实训情况,对收获、成绩,不要夸大;对问题和不足,不要轻描淡写。

② 总结要有理性认识。一方面,要抓主要矛盾,无论谈成绩或谈存在问题,都不要面面俱到。另一方面,对主要矛盾要进行深入细致的分析,谈成绩要写清怎么做的,为什么这样做,效果如何,经验是什么;谈存在问题,要写清是什么问题,为什么会出现这种问题,其性质是什么,教训是什么。这样的总结,才能对实训工作有所反思,并由感性认识上升到理性认识。

③ 总结要用第一人称。即要从本班级、本小组的角度来撰写。表达方式以叙述、议

论为主，说明为辅，可以夹叙夹议。

④ 最重要的一点就是要把每一个要点写清楚，写明白。

(2) 交流分享要领

① 要对实训总结进行精华提炼，找出有价值的东西与全班同学共同交流分享。

② 要有丰富多彩的展示，建议制作 PPT。

③ 要有生动活泼的讲解，建议事先排练。

5. 作业任务及作业规范

(1) 作业任务

实训 7 的作业任务是"房地产经纪实训总结与经验分享"，具体内容见表 2-36。

房地产经纪实训总结与经验分享作业安排　　　　　表 2-36

日期	地点	组织形式	学生工作任务	学生作业文件	教师指导要求
		① 集中布置任务 ② 小组讨论、策划	研讨项目任务 ① 实训总结 ② 实训交流分享	实训总结与经验分享	① 组织讨论 ② 指导业务过程 ③ 考核作业成绩

(2) 作业规范

实训 7 的作业规范，见综合实训项目学习活动 4：房地产经纪实训总结与经验分享操作记录"题目 24、题目 25"。

综合实训项目学习活动任务单 007：

房地产经纪实训总结与经验分享

操作记录表（表 2-37、表 2-38）

题目 24　实训总结　　　　　　　　　　　　　　　　表 2-37

操作内容	规范要求
1. 实训的过程与内容	(1) 实训基本过程：实训单位、实训任务、实训时间过程等；(2) 实训内容：实训环节、做法等；(3) 不超过 1000 字

续表

操作内容	规范要求
1. 实训的过程与内容	
2. 实训的收获与体会	（1）成绩与经验；（2）不足与教训；（3）今后改进打算和建议措施；（4）实事求是，不超过200字

注：可续页。

题目 25　实训交流分享　　　　　　　　　　　　表 2-38

操作内容	规范要求
1. 从实训总结中提炼有价值的东西	（1）实训中的收获与感悟；（2）经验与教训；（3）不少于 5 个方面

续表

操作内容	规范要求	
1. 从实训总结中提炼有价值的东西		

续表

操作内容	规范要求
2. 制作丰富多彩的PPT	(1) 图文并茂，要点突出；(2) 不超过30页
3. 生动活泼的讲解	(1) 主讲1人；(2) 团队成员补充；(3) 不超过10分钟

注：可续页。

6. 实训考核

主要是形成性考核。由实训指导教师对每一位学生这一阶段的实训情况进行过程考核，根据学生上交的作业文件"综合实训项目学习活动任务单007：房地产经纪实训总结与经验分享操作记录表（表2-37、表2-38）"2个题目的完成质量，参照学生参与工作的热情、工作的态度、与人沟通、独立思考、讨论时的表现、综合分析问题和解决问题的能力、出勤率等方面情况综合评价学生这一阶段的学习成绩，把考核成绩填写在表2-40中。

实训 7⁺　房地产经纪实训收尾结束工作

1.《房地产经纪实训报告（作业文件）》

《房地产经纪实训报告（作业文件）》是由 7 项实训活动 25 个题目作业文件组合而成。《房地产经纪实训报告（作业文件）》电子稿的内容目录如下：

目　　录

一、房地产经纪门店开设
1. 当地城市房地产经纪市场调研与市场细分
2. 确定房地产经纪门店区域市场
3. 确定经营方向、经营定位和经营模式
4. 确定门店地址、制定门店布置方案
5. 门店推广策略

二、房源开拓与房屋供给信息发布
6. 出售（出租）客户开拓与接待操作方案
7. 房屋出售（出租）委托书
8. 物业勘察操作方案
9. 实训软件录入出售（出租）房源信息记录
10. 房源信息发布（广告宣传）方案

三、客户开拓与购（租）房需求信息录入
11. 客户开拓与求购（求租）客户接待操作方案
12. 房屋求购（求租）委托书
13. 求购（求租）客源信息计算机软件录入操作记录

四、交易配对与撮合成交
14. 客户查询、挖掘需求方案
15. 客户配对操作方案
16. 邀约带看操作方案
17. 洽商议价与交易促成操作方案
18. 计算机软件配对操作记录

五、签订买卖（租赁）成交合同
19. 签约前的准备方案
20. 合同文本条款拟定
21. 计算机软件合同签订记录

六、佣金结算与售（租）后服务
22. 计算机软件佣金结算记录
23. 售（租）后服务方案

七、实训总结与经验分享
24. 实训总结
25. 实训交流分享

《房地产经纪实训报告（作业文件）》电子稿的内容按目录标号整理，把原来的表格拿掉，提取出表格内的内容即可。

2. 综合实训作业文件验收与归档

（1）综合实训作业文件验收合格标准。具体验收合格标准，见表2-39。

综合实训作业文件验收合格标准　　　　　　　　　　表 2-39

任务与作业	验收合格标准
分组讨论	无迟到、旷课
	口头交流叙述流畅，观点清楚表达简单明白
	独立学习、检索资料能力强，有详细记录
（实训活动任务单001） 房地产经纪门店开设	房地产经纪市场调研与市场细分充分、合理
	房地产经纪门店开设方案正确、表达清晰
（实训活动任务单002） 房源开拓与房屋供给信息发布	正确分析房源与市场，书面表达清晰
	接待方案正确、表达清晰
	房屋出售（出租）委托书正确
	物业勘察方案正确，书面表达清晰
	录入出售（出租）房源信息记录正确
	房源信息发布（广告宣传）方案正确
（实训活动任务单003） 客源（户）开拓与购（租）房需求信息录入	客源开拓与求购（求租）客户接待操作方案正确
	房屋求购（求租）委托书
	求购（求租）客源信息计算机软件录入操作记录正确
（实训活动任务单004） 交易配对与撮合成交	客户查询、挖掘需求方案正确
	客户配对操作方案正确
	邀约带看操作方案正确
	洽商议价与交易促成操作方案正确
	计算机软件配对操作记录正确
（实训活动任务单005） 签订买卖（租赁）成交合同	签约前的准备方案正确
	合同文本条款正确
	计算机软件合同签订记录正确
（实训活动任务单006） 佣金结算与售（租）后服务	计算机软件佣金结算记录正确
	售（租）后服务方案正确
（实训活动任务单007） 房地产经纪实训总结与经验分享	实训总结条理清楚
	实训交流分享有 PPT
实训收尾结束 ①《房地产经纪实训报告（作业文件）》 ② 实训考勤表 ③ 实训计划进度表	实训报告思路清晰、结构合理、形式美观、任务执行正确有业绩
	考勤与实施进度实事求是

（2）综合实训单项验收评价表

根据"第1章 表1-3 房地产经纪业务综合实训考核标准"，填写"综合实训单项验收评价表",见表2-40。

综合实训单项验收评价表　　　　　　　　　　　　　　　　表2-40

班级：　　　　组别：　　　　姓名：　　　　　　　　　　　指导教师：

实训名称：房地产经纪业务综合实训

任务单号	应交作业文件	验收评价档次			
		优秀	良	合格	不合格
001	房地产经纪门店开设方案				
002	房源开拓与房屋供给信息发布方案				
003	客源（户）开拓与购（租）房需求信息录入方案				
004	交易配对与撮合成交方案				
005	签订买卖（租赁）成交合同方案				
006	佣金结算与售（租）后服务方案				
007	房地产经纪实训总结与经验分享方案				
项目操作方案	《房地产经纪实训报告（作业文件）》				
验收综合评价档次					
验收评语	验收教师（签名）： 　　　　　年　　月　　日				

3. 综合实训成绩

综合实训成绩，根据综合实训单项验收评价表，填写综合实训成绩评分表，见表2-41。

综合实训成绩评分表　　　　　　　　　　表 2-41

班级：　　　　　组别：　　　　　姓名：　　　　　　　　　　指导教师：

任务单号	小组讨论（10%）	过程评价（20%）	任务单成绩（40%）	完成成果（30%）	小结	比例
001						10%
002						20%
003						15%
004						10%
005						5%
006						5%
007						5%
经纪业务操作方案	思路清晰性（0~20）	结构合理性（0~20）	任务正确性（0~40）	形式美观（0~20）		30%
总成绩						

下篇 房地产经纪业务技能竞赛

房地产经纪业务技能竞赛的任务是，检验学生的房地产经纪业务操作能力和职业素养以及综合职业能力，使房地产专业学生在激烈的市场竞争氛围中适应房地产经纪业务竞争环境，掌握较强的房地产经纪业务操作能力，毕业后能够快速投入房地产经纪业务工作。本篇重点介绍了房地产经纪业务技能竞赛的准备工作和房地产经纪业务技能竞赛过程。

第3章 房地产经纪业务技能竞赛准备

房地产经纪业务技能竞赛的成败取决于其准备工作。本章从房地产经纪业务技能竞赛的目的、意义和原则，房地产经纪业务竞赛依据标准与竞赛内容、竞赛规则、竞赛组织以及竞赛平台等5个方面介绍了房地产经纪业务技能竞赛的准备工作。

3.1 房地产经纪业务竞赛目的、意义和原则

1. 赛项目的

（1）对接房地产行业企业需求，提高房地产经营与估价专业学生的核心技能。

（2）推进房地产经营与估价专业"教、学、考、做、赛"五位一体的教育教学改革，实现房地产职业教育"工学结合、学做合一"。

（3）推进沟通交流，为参赛院校搭建取长补短的平台，推动高职院校房地产经营与估价专业教学能力水平的整体提升。

（4）推进参赛院校房地产实训基地建设，打造高职院校为房地产行业、企业培训员工的平台，提高房地产经营与估价专业服务社会的能力。

（5）展示参赛选手在房地产业务竞赛中表现出的专业技能、工作效率、组织管理与团队协作等方面的职业素养和才华。

（6）吸引房地产行业企业参与，促进校企深度融合，提高房地产经营与估价专业教育教学的社会认可度。

（7）服务参赛学生，提供参赛学生与企业现场沟通的机会。

2. 赛项意义

（1）发挥大赛引领和评价作用，推进高职院校房地产经营与估价专业建设和教学改革。

（2）提升房地产业务技能大赛的社会影响，开创人人皆可成才、人人尽展其才的生动局面。

（3）提升高职房地产经营与估价专业服务经济发展方式转变和产业结构调整的能力。

（4）提升高职房地产经营与估价专业服务房地产企业的能力。

（5）通过房地产业务技能大赛展示教学成果、转化教学资源。

3. 赛项设计原则

（1）以房地产核心业务技能设计竞赛内容。以目标业务要求的技术技能综合运用水平、比赛任务完成质量以及选手素质水平作为评判依据，设计比赛的形式、内容。

（2）对接房地产产业需求。大赛与房地产产业发展相同步，竞赛内容和标准对接房地产行业标准和房地产企业技术发展水平。

（3）坚持行业指导、企业参与。以赛项专家组为核心、以房地产行业企业深度参与为支撑，组织赛事，以理实一体的方式体现房地产职业岗位对选手理论素养和操作技能的要求。

（4）采用团体赛。每个参赛队 3 人，比赛包含了对团队合作水平的考察内容。只设置团体奖，不设置个人奖。

（5）现场比赛与体验环节统一设计。赛前 30 天公开发布理论素养测试题库内容，促进选手理论知识学习。不单独组织封闭的理论考试，将理论素养水平测试融入比赛内容，充分体现房地产经营环境与市场竞争。

（6）大赛项目与房地产综合实训项目融合。不以单一技能作为比赛内容。

（7）公平、公正、公开，保持客观性。比赛邀请行业企业专家观摩，除技能表演外，主要通过计算机软件实现竞赛过程，排除人为干扰因素。

3.2 房地产经纪业务竞赛依据标准与竞赛内容

1. 赛项依据标准

房地产经纪业务竞赛遵循的标准主要是房地产行业、职业技术标准，有 6 个方面：

（1）住房和城乡建设部、人力资源和社会保障部发布的《全国房地产经纪人资格考试大纲（第五版）》。

（2）住房和城乡建设部、人力资源和社会保障部联合发布的《房地产经纪人协理资格考试大纲（2013）》。

（3）住房和城乡建设部、国家发展和改革委员会、人力资源和社会保障部联合发布的《房地产经纪管理办法（2011 第 8 号令）》。

（4）人事部、建设部联合发布的《房地产经纪人员职业资格制度暂行规定（2001）》《房地产经纪人执业资格考试实施办法（2001）》。

（5）房地产估价师与房地产经纪人学会制订的《房地产经纪执业规则（2013）》。

（6）相关法律

①《中华人民共和国城市房地产管理法》

②《中华人民共和国土地管理法》

③《中华人民共和国城市规划法》

④《中华人民共和国住宅法》

⑤《中华人民共和国建筑法》

⑥《中华人民共和国环境保护法》

2. 竞赛内容

竞赛主要着眼于房地产职业素质测评，主要包括房地产经纪基础知识的掌握，房地产业务流程的设计与操作，房地产从业人员的职业道德等，全面评价一个团队对房地产职业能力的理解、认识和掌握。同时，竞赛还注重对房地产专业核心技能及相关拓展技能的考核，在考核专业能力的同时，兼顾方法能力、社会能力。房地产经纪业务技能竞赛内容主要包括二手房经纪业务的综合技能，具体竞赛知识面与技能点，见表3-1。房地产经纪业务竞赛是在网络计算机上完成，业务竞赛时间是2小时。

竞赛知识面与技能点　　　　　　　　　　　　表 3-1

竞赛类别与所需时间	竞赛知识面	竞赛技能点
房地产经纪业务竞赛 （2小时）	① 房地产经纪基础知识 ② 房地产交易流程与合同 ③ 房地产经纪基本业务 ④ 房地产经纪其他业务 ⑤ 房地产税费 ⑥ 房地产居间业务管理 ⑦ 房地产经纪企业管理 ⑧ 房地产经纪活动相关法律制度与政策 ⑨ 房地产经纪相关知识	① 二手房买卖、租赁业务流程 ② 房地产买卖、租赁合同 ③ 房地产经纪合同 ④ 房源、客源管理流程 ⑤ 房源、客源应用 ⑥ 买卖、租赁交易促成 ⑦ 佣金计算

3.3 房地产经纪业务竞赛规则

1. 竞赛时间安排

竞赛分为两段：

（1）上半段为技能表演，如买卖居间业务表演等，技能表演内容围绕房地产经纪业务，由参赛队任意选取，时间8分钟，表演人员仅限于参赛学生和指导教师。

（2）下半段为技能对抗赛，时间为2小时，在网络竞赛平台上完成。

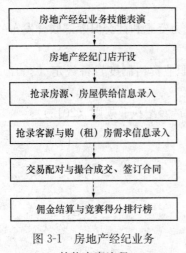

图 3-1　房地产经纪业务技能竞赛流程

2. 竞赛流程

房地产经纪业务技能竞赛流程，见图3-1。

3. 评分标准制订原则、评分方法、评分细则

（1）评分标准制订原则

计分对象只计团体竞赛成绩，不计参赛选手个人成绩。房地产经纪业务综合技能竞赛成绩总分是110分，其中技能表演10分，技能对抗赛100分。

（2）评分办法

① 技能表演得分，由评委综合打分，加权平均给出。

② 技能对抗赛得分，由计算机根据竞赛流程和竞赛规则自动评判。

（3）评分细则

① 技能表演评分细则。按表演主题、语言、动作、感染力、难度各占20%打分。

② 技能对抗赛评分细则。房地产经纪业务技能竞赛得分按经纪业务取得的服务佣金额折算。评分公式：得分＝［(本组佣金－最低佣金)×100］/(最高佣金－最低佣金)，排行最后（最低佣金）的参赛队得分为0。

4. 参赛选手

(1) 参赛选手应认真学习领会竞赛相关文件，自觉遵守大赛纪律，服从指挥，听从安排，文明参赛。

(2) 参赛选手请勿携带与竞赛无关的电子设备、通信设备及其他相关资料与用品。

(3) 参赛选手应提前15分钟到达赛场，凭参赛证、身份证检录，按要求入场，在指定位置就座，不得迟到早退。竞赛位抽签决定。

(4) 参赛选手应增强团队意识，严格执行房地产业务竞赛流程，科学合理分工与合作，预测可能出现的问题并采取相应对策。

(5) 在竞赛过程中，如有疑问，参赛选手举手示意，裁判长应按照有关要求及时予以答疑。如遇设备或软件等故障，裁判长、技术人员等应及时予以解决。确因计算机软件或硬件故障，致使操作无法继续的，经裁判长确认，予以启用备用计算机。

(6) 参赛队若在规定的竞赛时间内未完成比赛，按实际完成情况计算成绩。

(7) 竞赛时间终了，选手应全体起立，结束操作，经工作人员许可后方可离开赛场，离开赛场时不得带走任何资料。

(8) 参赛代表队若对赛事有异议，可由领队向大赛组委会提出书面申诉。

5. 申诉与仲裁

(1) 申诉

① 参赛队对不符合竞赛规定的设备、工具、软件，有失公正的评判、奖励，以及对工作人员的违规行为等，均可提出申诉。

② 申诉应在竞赛结束后2小时内提出，超过时效将不予受理。申诉时，应由参赛队领队向大赛仲裁委员会递交书面申诉报告。报告应对申诉事件的现象、发生的时间、涉及的人员、申诉依据与理由等进行充分、实事求是的叙述。事实依据不充分、仅凭主观臆断的申诉将不予受理。申诉报告须有申诉的参赛选手、领队签名。

③ 申诉人不得无故拒不接受处理结果，不允许采取过激行为刁难、攻击工作人员，否则视为放弃申诉。

(2) 仲裁

① 大赛采用仲裁委员会仲裁机制，仲裁委员会的仲裁结果为最终结果。

② 大赛仲裁委员会收到申诉报告后，应根据申诉事由进行审查，3小时内书面通知申诉方，告知申诉处理结果。

3.4 房地产经纪业务竞赛组织

1. 竞赛方式

竞赛以团队方式进行，每支参赛队由3名选手组成，其中队长1名。

2. 参赛对象

仅为国内高职院校参加，不邀请境外代表队参赛。参赛选手应为高等学校在籍高职高专类学生，参赛选手年龄限制在 25 周岁（当年）以下。

3. 组队要求

参加房地产业务技能大赛的院校应按竞赛内容组队，每个院校只允许报一个队，参赛队应通过选拔产生。参赛队由指导教师和参赛选手组成。每个参赛队可配 1 名指导教师（专兼职教师均可）和 1 名领队。每个参赛队选手 3 人（不设备选队员），须为同校在籍学生，其中队长 1 名，性别和年级不限。

4. 奖项设置

只设竞赛团体奖，分为团体一等奖、团体二等奖、团体三等奖。

（1）奖项设置比例。按参赛队比例设置奖项。其中一等奖占参赛队数的 10%、二等奖占 20%、三等奖占 30%（小数点后四舍五入）。奖项评定根据各参赛队竞赛成绩，以得分高低排序，分数相同时可以并列。

（2）获奖证书

① 获奖参赛队颁发获奖证书。

② 获奖参赛队的指导教师颁发优秀指导教师证书。

5. 大赛筹备工作人员及裁判（评委）、仲裁人员组成

（1）大赛筹备工作人员组成

① 策划协调 1～2 人。

② 专业技术组：10 人左右，由行业、企业专家和学校教师组成，负责竞赛流程研讨、赛项设计、题目设计。

③赛务组：6 人以上，负责参赛队联络、媒体联络、大赛宣传，竞赛运行环境构建和后勤保障。

（2）成立大赛裁判（评委）委员会，裁判人员由行业、企业专家和学校教师组成，5 人左右。

（3）成立大赛仲裁委员会，仲裁人员由行业、企业专家和学校教师组成，3 人左右。

3.5 房地产经纪业务竞赛平台功能简介

1. 房地产经纪业务技能竞赛平台要求

能够按开店、房屋信息发布、填写出售（租）委托书、客户需求信息录入、填写客源委托书（购房、租房）、交易配对、签订买卖（租赁）成交合同、佣金结算等流程竞赛，自动给出排行榜，见图 3-2。

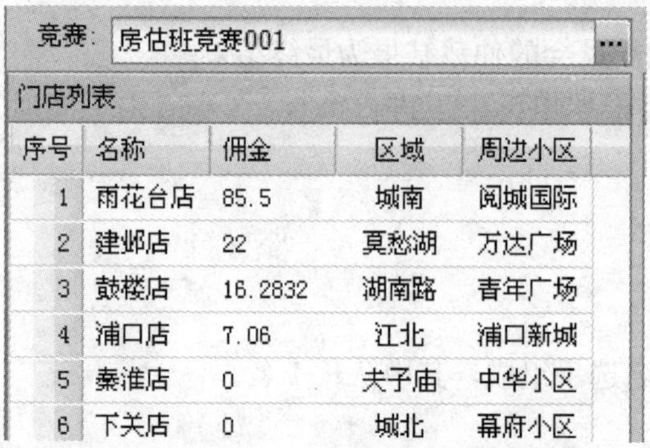
竞赛: 房估班竞赛001

门店列表

序号	名称	佣金	区域	周边小区
1	雨花台店	85.5	城南	阅城国际
2	建邺店	22	莫愁湖	万达广场
3	鼓楼店	16.2832	湖南路	青年广场
4	浦口店	7.06	江北	浦口新城
5	秦淮店	0	夫子庙	中华小区
6	下关店	0	城北	幕府小区

图 3-2　房地产经纪业务竞赛排行榜

2. 业务竞赛与综合实训的关系

房地产经纪业务竞赛是从房地产经纪综合实训中提取出来的，比实训特别的地方有 6 点：

（1）进入业务竞赛之前需技能表演。

（2）业务涉及的知识更全面。

（3）时间更紧，完成整个竞赛的时间有严格限制。

（4）房源、客源更加复杂。

(5) 市场竞争更加激烈,对学生技能要求更高。
(6) 要求学生之间的团队配合更和谐、默契。

3.6 竞赛过程管理

竞赛过程管理包括对参赛学生、竞赛资源库等进行管理。
(1) 参赛学生登录账号管理。
(2) 学生分组。
(3) 竞赛资源录入。
(4) 房源及客源信息管理。
(5) 竞赛成绩统计。

第4章　房地产经纪业务技能竞赛实施过程

本章从技能表演、开设经纪门店、房屋信息抢录、客户需求抢录、交易配对、签订买卖（租赁）成交合同、佣金结算、竞赛排行榜等8个步骤介绍了房地产经纪业务技能竞赛的操作内容。

步骤1　技能表演

1. 技能表演形式

技能表演形式有答题冲关、买卖居间业务表演、租赁居间业务表演、代理业务表演等。技能表演内容围绕房地产经纪业务，由参赛队任意选取，精心编排。

2. 技能表演时间

技能表演时间8分钟，表演人员仅限于参赛学生和指导教师。

3. 技能表演评分

技能表演由评委（裁判）综合打分，加权平均给出。技能表演评分细则，按表演主题、语言、动作、感染力、难度各占20%打分。

步骤2　开设经纪门店

房地产经纪业务技能竞赛以团队方式进行，每支参赛队由3名选手组成，计分对象只计团体竞赛成绩，不计参赛选手个人成绩。所以，要开设经纪门店，以门店为团队进行比赛。参赛学生按给定的账号登录竞赛平台，选定预先抽到的门店进入竞赛，即为成功开设了经纪门店，见图4-1。

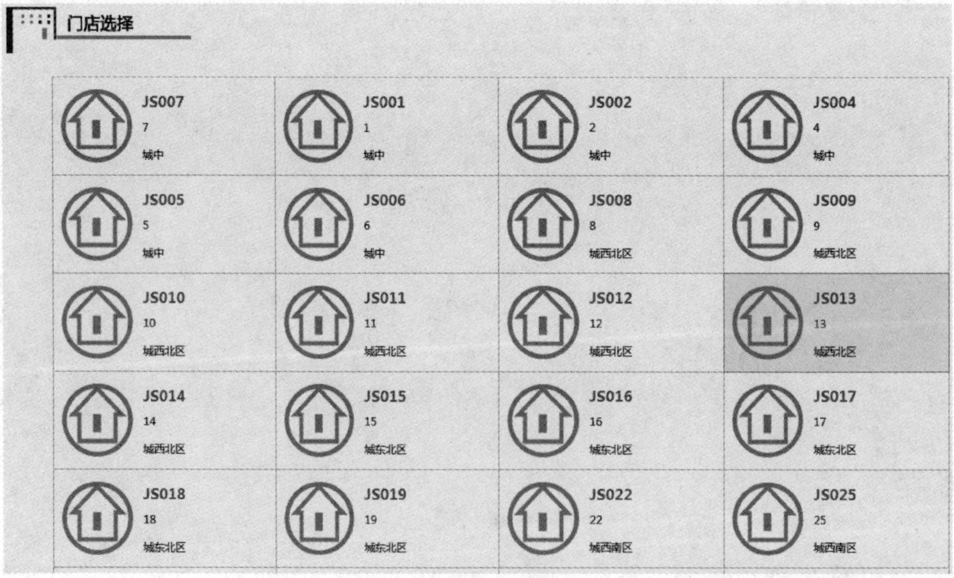

图4-1　经纪门店选择

步骤3 房屋信息抢录

1. 进入房源抢录界面

点击"房源抢录",即进入房源抢录界面,见图 4-2。房源包括出售房源和出租房源两种。

图 4-2 可供抢录的房源库

2. 房源录入

点击房源编号,如"CS00000492",就可以进入房源信息录入窗口,见图 4-3,即可

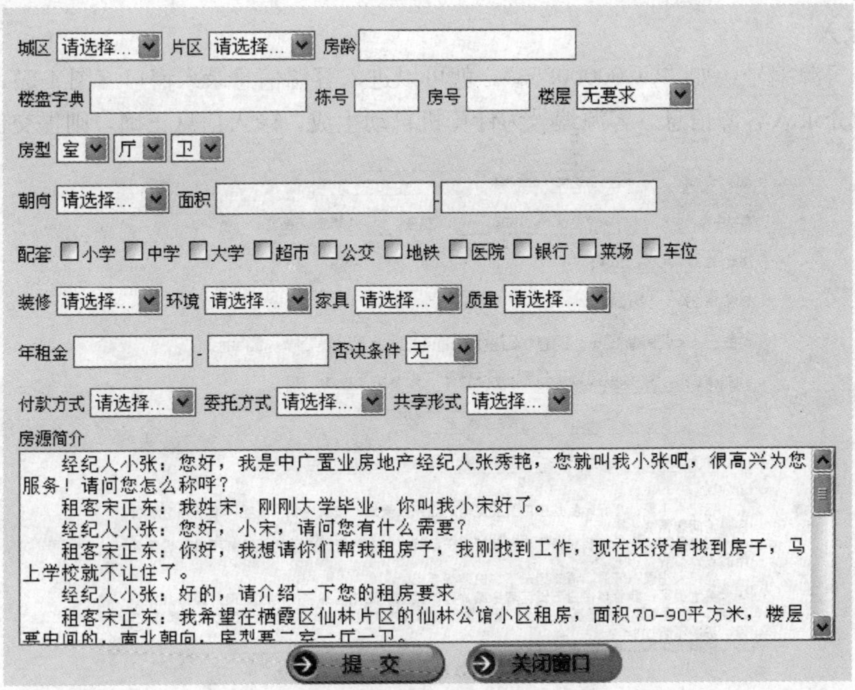

图 4-3 房源信息录入窗口

根据房源简介录入房源信息。房源编号为计算机自动生成，录入信息正确，则提交保存，录入信息不正确，则会提交失败。

步骤 4　客户需求信息抢录

1. 进入客源抢录界面

　　点击"客源抢录"，即进入客源抢录界面，见图 4-4。客源包括求购客源和求租客源两种。

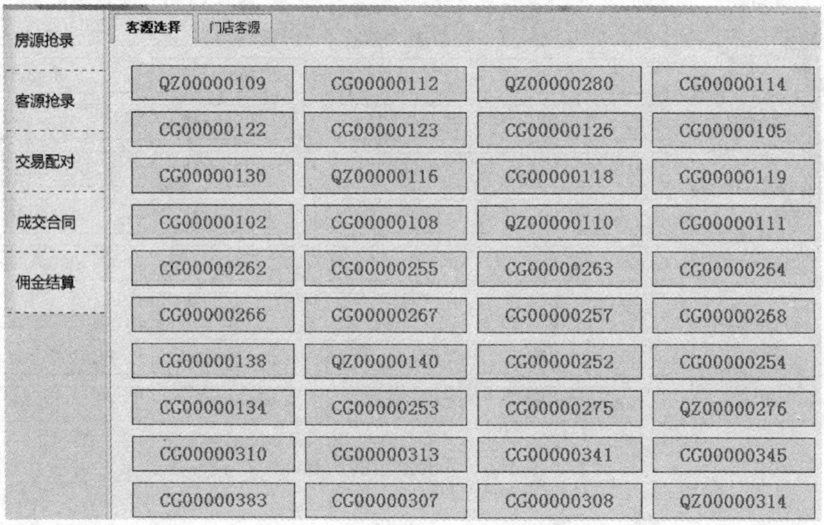

图 4-4　可供抢录的客源库

2. 房源录入

　　点击房源编号，如"CG00000253"，就可以进入客源信息录入窗口（图 4-5），即可根据客源简介录入客源信息。客源编号为计算机自动生成，录入信息正确，则提交保存；录

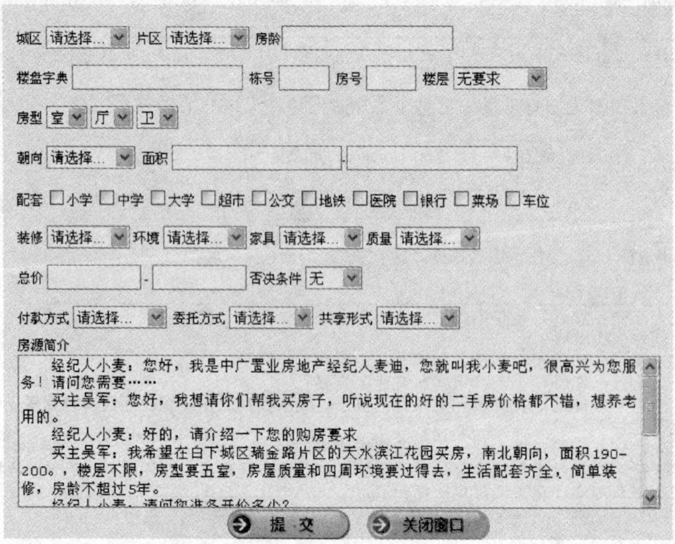

图 4-5　客源信息录入窗口

入信息不正确，则会提交失败。

步骤 5　交易配对

抢录的房源、客源提交成功后，即进入门店，成为门店的房源和客源，见图 4-6。可按房源找客源配对，也可按客源找房源配对，一个房源或客源只能配对一次。配对能否成功，取决于抢录的房源、客源是否能够匹配。

交易配对

门店房源（刷新　配对）

	交易类型	编号	城区	片区	楼盘字典	楼层	房型	朝向	面积	总价	配套
1	售	CS00000519	鼓楼	鼓楼	仙鹤山庄	9/11	3-1-1	南-北	119	170.00-175.00	小学, 医院, 车位
2	售	CS00000486	栖霞	仙林	金川雅苑	4/7	3-1-1	南-北	104	190.00-200.00	小学, 医院, 车位
3	租	CZ00000494	栖霞	仙林	阳光名都	4/7	3-2-1	南-北	142	3.84-4.08	小学, 医院,
4	售	CS00000499	鼓楼	鼓楼	晓庄村	3/6	2-1-1	南-北	53	90.00-95.00	超市, 银行,

门店客源（刷新）

	交易类型	编号	城区	片区	楼盘字典	楼层	房型	朝向	面积	总价	配套
1	购	CG00000253	栖霞	仙林		中间	4-2-2	南-北	190.00-200.00	365.00-375.00	小学, 银行,
2	租	QZ00000278	栖霞	仙林		中间	3-2-1	南-北	140.00-150.00	3.74-3.98	小学, 医院,
3	租	QZ00000317	鼓楼	鼓楼		无要求	3-2-1	南-北	100.00-110.00	5.20-5.50	小学, 医院, 车位

图 4-6　门店的房源和客源

步骤 6　签订买卖（租赁）成交合同

房源、客源配对成功后，即可签订买卖（租赁）成交合同，见图 4-7。

合同

刷新　签订

	匹配时间	匹配属性数量	房源编号	客源编号
1	2013-09-18	11	CS00000629	CG00000440
2	2013-09-24	11	CS00000545	CG00000438
3	2013-09-18	10	CS00000490	CG00000275
4	2013-09-18	10	CS00000490	CG00000275
5	2013-09-18	11	CS00000629	CG00000440
6	2013-09-18	11	CS00000629	CG00000440
7	2013-09-18	10	CS00000490	CG00000275

图 4-7　签订买卖（租赁）成交合同

步骤 7　买卖（租赁）佣金结算

签订买卖（租赁）成交合同后，即可结算买卖（租赁）佣金，见图 4-8。

图 4-8 买卖（租赁）佣金结算

步骤 8 竞赛排行榜

竞赛时间到，竞赛结束，计算机会自动统计每个门店的总佣金额，自动给出排行榜，见图 4-9。

图 4-9 门店竞赛排行榜

参 考 文 献

[1] 陈林杰. 房地产经纪实务(第3版)[M]. 北京：机械工业出版社，2017.
[2] 陈林杰，樊群. 房地产经纪综合实训(含竞赛)[M]. 北京：中国建筑工业出版社，2014.
[3] 陈林杰，周正辉. 房地产营销与策划[M]. 北京：中国建筑工业出版社，2014.
[4] 陈林杰. 房地产开发与经营实务(第4版)[M]. 北京：机械工业出版社，2017.
[5] 陈林杰，曾健如，罗妮. 房地产开发综合实训(含竞赛)[M]. 北京：中国建筑工业出版社，2014.
[6] 陈林杰，黄国全，李涤怡. 房地产营销综合实训(含竞赛)[M]. 北京：中国建筑工业出版社，2014.
[7] 胡平. 房地产经纪实务[M]. 北京：机械工业出版社，2011.
[8] 熊帅梁. 房地产经纪实务[M]. 沈阳：东北财经大学出版社，2009.
[9] 薛姝，周云. 房地产经纪[M]. 北京：人民交通出版社，2008.
[10] 王德起. 房地产经纪[M]. 重庆：重庆大学出版社，2008.
[11] 执业资格考试命题研究中心. 房地产经纪实务[M]. 北京：江苏人民出版社，2012.
[12] 刘薇. 房地产经纪[M]. 北京：化学工业出版社，2010.
[13] 高荣，周云. 房地产经纪概论[M]. 南京：东南大学出版社，2004.07.
[14] 谭继存，陈保启. 房地产经纪[M]. 北京：化学工业出版社，2005.
[15] 中国房地产估价师与房地产经纪人学会. 房地产基本制度与政策(第五版)[M]. 北京：中国建筑工业出版社，2010.
[16] 中国房地产估价师与房地产经纪人学会. 房地产经纪概论(第五版)[M]. 北京：中国建筑工业出版社，2010.
[17] 中国房地产估价师与房地产经纪人学会. 房地产经纪实务(第五版)[M]. 北京：中国建筑工业出版社，2010.
[18] 中国房地产估价师与房地产经纪人学会. 房地产经纪相关知识(第五版)[M]. 北京：中国建筑工业出版社，2010.
[19] 中华人民共和国住房和城乡建设部. 全国房地产经纪人资格考试大纲(第五版)[M]. 北京：中国建筑工业出版社，2010.
[20] 陈林杰，周正辉，曾健如，樊群. 全国房地产业务技能大赛的设计与实践[J]. 建筑经济，35(12)：32-36.
[21] 陈林杰. 我国房地产专业人员的职业分类与分级管理[J]. 产业与科技论坛，2014(18)：206-207.
[22] 陈林杰，韩俊. 我国房地产经纪人职业标准研究[J]. 中外企业家，2015(25)：165.
[23] 陈林杰，周正辉. 我国房地产开发专业人员职业标准研究[J]. 中外企业家，2015(24).
[24] 陈林杰，徐治理. 我国房地产营销师职业标准研究[J]. 中外企业家，2015(27).
[25] 陈林杰，梁慷. 验房师职业标准研制与职业能力评价[J]. 建筑经济，2016，37(1)：109-114.
[26] 陈林杰，曾健如，周正辉，李涛. 房地产经营与估价人才专科教育现状与发展对策[J]. 建筑经济，2014(8)：27-31.
[27] 陈林杰. 房地产业务技能大赛引领下的专业教学改革与实践[J]. 科技视界，2014(27)：47.
[28] 陈林杰. 房地产专业教学做赛一体化教学方法改革与实践[J]. 中外企业家，2014(28)：215-216.

[29] 陈林杰. 聚焦职业标准打造房地产专业技能核心课程群的改革与实践[J]. 产业与科技论坛, 2014(16): 168-169.

[30] 陈林杰. 房地产专业"全渗透"校企合作办学模式的探索与实践[J]. 中外企业家, 2014(25): 226.

[31] 陈林杰. 房地产专业订单式培养的课程与教学内容体系改革的探索与实践[J]. 科技信息, 2012(27): 31.

[32] 陈林杰. 我国房地产行业发展进入新常态分析[J]. 基建管理优化, 2015(1): 2-5.

[33] 陈林杰. 房地产经纪业转型升级的对策[J]. 上海房地, 2012(1): 23-25.

[34] 陈林杰. 政策调控下房地产经纪企业的应对策略[J]. 企业经济, 2012(4): 143-146.

[35] 陈林杰. 中国房地产网络经纪发展的瓶颈与对策[J]. 基建管理优化, 2014(2): 19-23.

[36] 陈林杰. 房地产网络营销的特点及方法分析[J]. 基建管理优化, 2016(3): 8-11.

[37] 陈林杰. 房地产电商的类型特点及应用探索[J]. 产业与科技论坛, 2015(11): 176-177.

[38] 陈林杰. 房地产项目一二手联动营销方法及其发展分析[J]. 基建管理优化, 2015(3): 2-4.

[39] 陈林杰. 房地产项目营销策划流程、内容与模式选择[J]. 基建管理优化, 2013(4): 5-8.

[40] 陈林杰. 商业地产项目的营销策划[J]. 基建管理优化, 2014(4): 22-25.

[41] 陈林杰. 商业地产项目运营模式与运作技巧[J]. 基建管理优化, 2012(3): 20-22.

[42] 陈林杰, 郭井立. 中国新兴地产现状及其发展前景[J]. 基建管理优化, 2015(4): 9-11.

[43] 陈林杰, 郭井立. 中国新兴商业地产运作策略[J]. 基建管理优化, 2016(1): 2-6.

[44] 陈林杰. 新兴农业地产内涵与农业社区开发模式分析[J]. 基建管理优化, 2016(2): 2-5.

[45] 张新生. 构建我国供需平衡房地产市场的思考[J]. 商业时代, 2013(29): 125-126.

[46] 张莹. 房地产行业现状、趋势分析与建议[J]. 天津经济, 2013(3): 36-38.

[47] 张元端. 略论住宅品质的提高[J]. 中国房地信息, 2004(3): 3-5.

[48] 王凡. 房地产企业整合营销战略研究[J]. 北方经济, 2008(1): 87-88.

[49] 郝婷. 房地产品牌战略实施策略探讨[J]. 科技与管理, 2007, 9(3): 52-54.

[50] 商国祥. 房地产企业实施品牌战略需关注的问题[J]. 上海房地, 2007(3): 58-59.

[51] 周巍. 我国房地产品牌战略实施路径[J]. 山西财经大学, 2008(s1): 53-54.

[52] 中国房地产行业网[OL]. http://www.cingov.com.cn/index.asp

[53] 中国建筑经济网[OL]. http://www.coneco.com.cn/

[54] 中国房地产信息网[OL]. http://www.realestate.cei.gov.cn/

[55] 房地产门户——焦点房产网[OL]. http://house.focus.cn/

[56] 中国房地产门户网站——搜房地产网[OL]. http://www.soufun.com/

[57] 房产新华网[OL]. http://www.xinhuanet.com/house/

[58] 安居客[OL]. http://www.anjuke.com/

[59] 新浪乐居[OL]. http://house.sina.com.cn/

[60] 网易房产[OL]. http://house.163.com

[61] 腾讯房产[OL]. http://house.qq.com/

[62] 网易房产频道[OL]. http://nj.house.163.com/

[63] 江苏土地市场网[OL]. http://www.landjs.com/

[64] 南京房地产专业网站[OL]. http://www.e-njhouse.com/

[65] 南京网上房地产[OL]. http://www.njhouse.com.cn/

[66] 365地产家居网[OL]. http://www.house365.com/

[67] 南京市房产局网站[OL]. http://www.njfcj.gov.cn/

[68] 南京市国土资源局网站[OL]. http://www.njgt.gov.cn/

[69] 万科公司网站[OL]. http://sh.vanke.com/
[70] 恒大地产网站[OL]. http://www.evergrande.com/
[71] 万达公司网站[OL]. http://www.wanda.com.cn/
[72] 保利地产网站[OL]. http://www.gzpoly.com/index.asp
[73] SOHO中国网站[OL]. http://www.sohochina.com/
[74] 栖霞建设网站[OL]. http://www.chixia.com/
[75] 中广置业公司网站[OL]. http://www.zghouse.com/